= 4.80 6/11.81

HEYNE BÜCHER

GERHARD BOLDT

# HITLER
# DIE LETZTEN ZEHN TAGE IN DER REICHSKANZLEI

WILHELM HEYNE VERLAG
MÜNCHEN

HEYNE-BUCH Nr. 5238
im Wilhelm Heyne Verlag, München

5. Auflage

Bildnachweis:
Gerhard Boldt, Lübeck: 1, 4
Bundesarchiv, Koblenz: 9–11, 13–17, 19–31, 34–36
Joachim C. Fest, Hamburg: 42
Imperial War Museum, London: 44, 45
Spiegel-Archiv, Hamburg: 5, 46
Verlag Ullstein-Archiv, Berlin: 18, 43
Ullstein Bilderdienst, Berlin: 2, 3, 6–8, 12, 37–41
Zeitgeschichtliches Bildarchiv Heinrich Hofmann, Hamburg: 32,33

Bearbeitete Lizenzausgabe mit freundlicher Genehmigung
der Verlag Ullstein GmbH

Prindet in Germany 1981
Umschlagfoto: Süddeutscher Verlag, Bildarchiv, München
Umschlaggestaltung: Atelier Heinrichs, München
Druck: Presse-Druck Augsburg
Satz: K. H. Kreit KG, Lauterbach-Maar

ISBN 3-453-00598-8

# INHALT

# *Lagebesprechung bei Adolf Hitler*

Es ist Anfang Februar 1945. Kalt und verlassen liegt der Wilhelmplatz inmitten toter Häuserfassaden. Wohin das Auge blickt, fällt es auf Mauerreste und leere Fensterhöhlen, dahinter endlose Trümmerfelder. Von dem Barockpalais der Alten Reichskanzlei, eines fast vergessenen Symbols des Wilhelminischen Zeitalters, steht nur noch die schwerbeschädigte Vorderfront. Die einzige noch erhaltene Fassade gehört der Neuen Reichskanzlei mit dem kleinen, eckigen Balkon, auf dem Adolf Hitler einst die stürmischen Beifallskundgebungen der Bevölkerung entgegennahm. Immer noch wuchtig und drohend, im bombastischen Stil der nationalsozialistischen Architektur, erstreckt sich die weite Front der »Kanzlei des Führers« vom Wilhelmplatz, die ganze Voßstraße entlang bis zur Hermann-Göring-Straße. Die Soldaten des Wachbataillons, ausgesucht junge und große Männer, wie sie längst aus dem Straßenbild der deutschen Städte verschwunden sind, stehen auf ihren hölzernen Postamenten und präsentieren das Gewehr, sooft ein Offizier in Sichtweite kommt.

Die schweren eisernen Platten der Heberampen, die bei Luftangriffen alle Zugänge zu den Bunkern verschließen, sind verklemmt und halb geöffnet. Seit einigen Wochen ist Hitler in das unterirdische Labyrinth seines Bunkers im Garten und unter der Neuen Reichskanzlei mit seinen Mitarbeitern eingezogen.

Es ist heute das erste Mal, daß ich mitgenommen werde zur sogenannten »Führerlage«, einer täglich bei Hitler stattfindenden, rein militärischen Lagebesprechung der drei Wehrmachtteile Heer, Luftwaffe und Marine. Auf diesen Konferenzen werden Ereignisse und Entschlüsse besprochen und gefaßt, die die Kampfführung zu Lande, zu Wasser und in der Luft betreffen.

In diesen Tagen erst hat der sowjetische Großangriff seine Kraft verloren und ist im großen und ganzen zum Stehen gekommen. Die Russen waren Mitte Januar 1945 aus ihren Brückenköpfen westlich der Weichsel bei Baranow, Pulawy und Warka, südlich von Warschau, sowie aus dem Narewbrückenkopf zum Sturm nach Westen angetreten. Unsere abgekämpften Regimenter und Divisionen der 2., 9., 17. Armee und 4. Panzerarmee hatten diesem Ansturm nicht einmal mehr einen Tag standhalten können. Dann hatten sich, einem Dammbruch gleich, gigantische Massen russischer Soldaten und Panzer in den militärisch verhältnismäßig leeren Raum zwischen Weichsel und Oder ergossen. Das deutsche Heer im Osten zwischen Karpaten und Ostsee wurde in einem kaum vorstellbaren Ausmaß geschlagen. Nicht einmal drei Wochen hatte es gedauert, bis russische Panzer und Infanterie etwa 70 km ostwärts Berlins, einem abgestumpften breiten Keil gleich, die Oder in breiter Front erreichten und sie nördlich Küstrins auch noch überschreiten konnten.

Heute nun will Hitler von Guderian wissen, ob Hinterpommern und die westlich der Oder gelegenen Teile Schlesiens und Glogau gehalten werden können. Er will von Guderian wissen, wie es um die Oderfront ostwärts Berlins bestellt ist und welche militärischen Kräfte Guderian äußerstenfalls benötigt, um in diesem Bereich die Ostfront erfolgreich zu verteidigen. Hitler will ferner wissen, ob er weitere Verbände aus diesem Teil der Ostfront abziehen kann, um seine ganz persönlichen Angriffsabsichten in Ungarn verwirklichen zu können.

Guderian will mich heute Hitler vorstellen, und von Freytag-Loringhoven soll mich in mein neues Aufgabengebiet einführen, nachdem mich der Generaloberst aus der Abteilung Fremde Heere Ost des General Gehlens zu sich in die Abteilung Chef Generalstab geholt hat. In Zukunft werde ich als O I den Chef des deutschen Generalstabes des öfteren zu seinen täglichen Besprechungen bei Hitler begleiten.

Der große Mercedes des Chefs des Generalstabes hält vor den riesigen, viereckigen Säulen des rechten Hauptportals der Neuen Reichskanzlei, des Wehrmachtseinganges. Die langgestreckte Kanzlei hat zwei Eingänge, die – beinahe symbolisch – streng voneinander getrennt sind. Das Portal des linken Flügels ist für Parteimitglieder, das des rechten für Wehrmachtsangehörige bestimmt. Generaloberst Guderian, Chef des deutschen Generalstabes, sein Adjutant, Major von Freytag-Loringhoven, und ich steigen aus. Die Posten präsentieren. Wir treten durch die schwere eichene Tür in das Innere der Kanzlei. Die hohe Halle wirkt im Licht einiger spärlicher Lampen noch nüchterner und kälter. Wegen der zunehmenden Luftangriffe auf Berlin sind Bilder, Teppiche und Gobelins verschwunden. Viele Fensterscheiben sind durch Pappe oder Holz ersetzt worden. In der Decke und in einer der Seitenwände klaffen breite Mauerrisse. In Richtung auf die Alte Reichskanzlei ist eine neue Trennwand aus Sperrholz gezogen worden, um die Zerstörungen zu verbergen. Eine Ordonnanz fragt nach meinem vorschriftsmäßigen Ausweis. Da ich weder den noch eine entsprechende Legitimation besitze, wird die Eintragung meines Namens im großen Anmeldebuch kontrolliert. Dann läßt man mich passieren. Der Major geht mit mir die wenigen Schritte zur Wehrmachtsadjutantur und stellt mich dort dem Heeresadjutanten, Oberstleutnant i. G. Borgmann, vor. Er erkundigt sich außerdem bei ihm, ob die heutige Lagebesprechung im Arbeitszimmer Hitlers oder im Bunker stattfinden soll. Da im Augenblick keine Luftgefahr besteht, ist die Lagebesprechung für das große Arbeitszimmer Hitlers angesetzt. Bei Luftgefahr wird der Bunker der Reichskanzlei benutzt.

Wir müssen durch zahlreiche Gänge und Nebenräume gehen. Der direkte Weg ist schon seit längerer Zeit nicht mehr zu benutzen, da große Teile der Kanzlei durch Bomben stark beschädigt sind. So ist zum Beispiel der große Ehrenhof durch Bomben fast vollständig zerstört. Jener Flügel der Reichskanzlei jedoch, in dem Hitlers großes Arbeitszimmer liegt, ist noch fast unbeschädigt. Hier ist der Fußboden des langen Ganges noch spiegelblank, die Wände geschmückt mit Gemälden, an den Fenstern hängen noch lange, schwere Vorhänge. Am Anfang eines jeden Durchganges stehen SS-Wachen, und jedesmal müssen wir uns neu ausweisen.

Vor dem Vorzimmer findet eine erneute, noch schärfere Kontrolle statt. Hier stehen mehrere SS-Offiziere und mit Maschinenpistolen bewaffnete Wachmannschaften der SS. Der Generaloberst, der Major und ich müssen unsere Waffen ablegen. Zwei der wachhabenden SS-Offiziere nehmen uns die Aktentaschen mit den Vortragsunterlagen ab und untersuchen sie gründlichst nach Waffen und Sprengstoff. Seit dem 20. Juli sind Aktentaschen besonders verdächtig. Selbstverständlich müssen wir uns auch hier ausweisen. Eine Leibesvisitation wird jedoch nicht vorgenommen, aber die SS-Offiziere kontrollieren unsere enganliegenden Uniformen mit strengem Blick.

Wir sind zu früh gekommen, es ist erst 15.45 Uhr, und das Vorzimmer ist noch fast leer. Drei Ordonnanzen stehen an der mit Getränken und belegten Brötchen gedeckten Anrichte. An der gegenüberliegenden Tür zum Arbeitszimmer stehen drei weitere bewaffnete SS-Offiziere. Der Generaloberst nutzt die Wartezeit und ruft noch einmal bei der Operationsabteilung des Oberkommandos des Heeres in Zossen an, um die letzten Meldungen von der Ostfront zu erfahren. Wir warten. Endlich kommt der SS-Sturmbannführer Günsche, der persönliche Adjutant Hitlers, und teilt uns mit, daß wir, der Major und ich, sogleich in das Arbeitszimmer gehen könnten. Hitler habe noch eine Besprechung mit Reichsleiter Bormann, die in wenigen Augenblicken beendet sein wird. Bald darauf wird die Tür zum Arbeitszimmer geöffnet, und Martin Bormann erscheint.

Das also, fährt es mir durch den Kopf, ist der Mann, der jetzt einen so entscheidenden Einfluß auf Hitler ausüben soll, der böse Geist hinter den Kulissen. Der Mann, der jetzt das Vorzimmer betritt, ist 45 bis 50 Jahre alt, knapp mittelgroß, vierschrötig, untersetzt und stiernackig. Das rundliche Gesicht vermittelt durch die kräftigen Backenknochen und breitgezogenen Nasenflügel einen energischen, fast brutalen Ausdruck. Das etwas schüttere, glatte Haar trägt er nach hinten gescheitelt. Augen und Mienenspiel zeigen Verschlagenheit.

Wir grüßen und gehen, begleitet von SS-Sturmbannführer Günsche, an ihm vorbei in das große Arbeitszimmer. Der Eindruck ist überraschend. Fast die gesamte Bodenfläche dieses hohen und weiten Saales ist mit Teppichen belegt. In dem großen Raum stehen nur wenige Möbel. An der gegenüberliegenden schmalen Seite steht Hitlers Schreibtisch, um den einige leichte Polstersessel gruppiert sind. Die Wand zur Gartenseite ist von vier schmalen, bis auf den Fußboden reichenden Fenstern und einer Glastür unterbrochen. Zu beiden Seiten der Fenster hängen schwere graue Vorhänge. Vor der Mitte dieser Wand steht der kunstvoll aus Marmor gearbeitete Kartentisch Hitlers. Der schwarzgepolsterte Schreibtischstuhl ist so gestellt, daß Hitler in den Garten blicken kann. Außer vielen Zeichenstiften, einer Schreibtischgarnitur und zwei ungewöhnlich großen Briefbeschwerern, einem Telefonapparat und einer Klingelanlage liegt nichts auf dem Kartentisch. Vor den Wänden zur Rechten und zur Linken stehen ein runder Tisch, schwere ledergepolsterte Sessel und eine Couch.

Der Major und ich legen die großen Generalstabskarten in der geplanten Vortragsfolge auf den Kartentisch. Zuoberst liegen die Karten der Ungarnfront, zuunterst die der Kurlandfront. Während dieser wenigen Minuten steht Günsche, der persönliche SS-Adjutant Hitlers, hinter uns und beobachtet uns scharf. Gemeinsam verlassen wir wieder das Arbeitszimmer. Es ist mittlerweile 16 Uhr geworden, und im Vorzimmer haben sich die meisten an der Besprechung teilnehmenden Herren versammelt. Sie stehen oder sitzen in Gruppen beisammen, unterhalten sich, essen belegte Brote und trinken Bohnenkaffee oder Schnaps dazu. Der Chef winkt mich heran, um mich vorzustellen.

Um ihn herum stehen der Chef des Oberkommandos der Wehrmacht, Generalfeldmarschall Keitel, der Chef des Wehrmachtführungsstabes, Generaloberst Jodl, Großadmiral Dönitz und Reichsleiter Bormann. Gleich daneben steht die Gruppe ihrer Adjutanten. In einer Ecke neben einem kleinen Tisch, auf dem ein Telefon steht, spricht Reichsführer SS Himmler mit dem General der Waffen-SS und SS-Obergruppenführer Fegelein, dem ständigen Vertreter Himmlers bei Hitler. Fegelein ist seit 1944 mit Gretl Braun, einer Schwester Eva Brauns, der späteren Frau Hitlers, verheiratet. Sein aufgeblasenes Gebaren zeigt schon jetzt: Ich bin ein Schwager des deutschen Staatsoberhauptes. Kaltenbrunner, der gefürchtete Chef des Reichssicherheitshauptamtes, steht etwas abseits, allein, mit einem Schriftstück beschäftigt. Der ständige Vertreter des Reichspressechefs bei Hitler, Lorenz, plaudert mit dem SS-Standartenführer Wilhelm Zander, Bormanns persönlichem Berater. An einem runden Tisch in der Mitte des Vorzimmers sitzt Reichsmarschall Göring mit den Offizieren seines Stabes, den Generalen Koller und Christian. Der Chefadjutant Hitlers, General Burgdorf, geht jetzt durch das Vorzimmer in Hitlers Arbeitszimmer. Bald darauf erscheint er wieder in der geöffneten Tür: »Der Führer läßt bitten!« Göring geht voran, und dann reihen sich alle anderen der Rangordnung nach hinter ihm ein.

Hitler steht allein in der Mitte des großen Raumes, dem Vorzimmer zugewandt. So, wie sie ankommen, gehen sie auf ihn zu. Er begrüßt fast jeden einzelnen durch Handschlag, stumm, ohne Worte der Begrüßung. Nur bei diesem oder jenem stellt er eine Frage, die mit »Jawohl, mein Führer« oder »Nein, mein Führer« beantwortet wird. Ich bleibe in der Nähe der Tür stehen und harre der Dinge, die da kommen sollen. Es ist für mich zweifellos ein außergewöhnlicher Augenblick, und ich bin schrecklich aufgeregt. Generaloberst Guderian spricht mit Hitler anscheinend über mich, denn dieser blickt zu mir hin. Guderian gibt mir ein Zeichen, ich gehe auf Hitler zu. Langsam, stark vornübergeneigt, kommt er schlurfenden Schrittes auf mich zu. Er streckt mir die rechte Hand entgegen und sieht mich mit einem seltsam durchdringenden Blick an. Sein Händedruck ist schlaff und weich, ohne jede Kraft und ohne jeden Ausdruck. Sein Kopf wackelt leicht, was mir später noch stärker auffallen sollte. Sein linker Arm hängt schlaff herunter, die linke Hand zittert stark. In seinen Augen liegt ein unbeschreiblich flackernder Glanz, der geradezu erschreckend und vollkommen unnatürlich wirkt. Sein Gesicht und die Partie um die Augen machen einen völlig abgespannten und verbrauchten Eindruck. Alle seine Bewegungen sind die eines kranken, senilen Mannes. Er wirkt auf mich wie ein ausgeglühtes Stück Eisen.

Das ist nicht mehr der kraftstrotzende und energiegeladene Hitler, wie ihn das deutsche Volk aus früheren Jahren kennt und wie ihn der Reichspropagandaminister Goebbels in seiner Propaganda auch jetzt immer noch schildert. Langsam schlurfend, von Bormann begleitet, geht er an seinen Kartentisch und setzt sich vor den Berg der Generalstabskarten. Die Lagebesprechung soll heute mit der sogenannten »Westlage«, also der militärischen Lage im Südosten, Südwesten, Westen und Norden, beginnen. Diese Kampfräume sind das Aufgabengebiet des Oberkommandos der Wehrmacht, des OKW. Generaloberst Jodl trägt vor. Generalfeldmarschall Keitel, obwohl Chef des OKW, steht abseits und macht einen fast uninteressierten Eindruck. Bei uns jungen Offizieren hieß er oft nur der »Reichstankwart«. Diese Bezeichnung sollte weniger ein geringschätzendes Urteil sein, als vielmehr seine Machtbefugnisse charakterisieren. Tatsächlich hätte seine jetzige Stellung als Chef des OKW nicht besser dargestellt werden können, denn selbständige operative oder gar strategische Befehlsbefugnisse hatte er nur noch über die Benzinvorräte des Reiches. In allen anderen Kompetenzen durfte dieser Generalfeldmarschall nur noch Befehle entgegennehmen und sie administrativ umsetzen.

Generaloberst Jodl beginnt den Vortrag. Jedes Wort, jede

Bewegung ist auf Hitler abgestimmt; er kann es nicht leiden, wenn man in seiner Gegenwart laut spricht, also trägt Jodl ruhig und gedämpft vor.

»Mein Führer, bei der Heeresgruppe E im Südosten wurden im Raume Mostar vier Panzer abgeschossen. Die gesteckten Ziele konnten hier erreicht werden. Südlich der Drau macht das Herauslösen der Verbände gute Fortschritte. Beiderseits der Straße Sarajewo–Brod konnte die 104. Jägerdivision Fortschritte erzielen. Im kroatisch-serbischen Grenzgebiet, an der Drina, kam die 22. Infanteriedivision weiter voran. In den slowenischen Raum sind starke Bandenkräfte eingesickert. Der Oberbefehlshaber Südost schätzt bis zu 25 000 Mann. Hiergegen wird die 22. Infanteriedivision durch Eingreifen von Teilen der 114. Jägerdivision entlastet werden. Cetniks gehen in Richtung Tuzla vor, was unseren Verbänden in diesem ganzen Raum des serbischen Grenzgebietes zugute kommen dürfte.«

Nach einer kurzen Pause, währenddessen der Kartenwechsel vorgenommen wird, fährt Jodl fort, über den Kampfraum Südwest, die Heeresgruppe C in Italien, zu berichten. Hier sind die beiden deutschen Armeen in harten Kämpfen bis in eine Linie nördlich von Florenz zurückgedrängt worden. Hitler hat dem Vortrag Jodls bislang schweigend zugehört. Während des Kartenwechsels hob er die Unterarme leicht an, damit die oberste Karte vom Kampfraum Südost entfernt werden konnte.

»An der italienischen Front, mein Führer, verstärkt der Gegner seine Aufklärungstätigkeit, sonst nur geringe Kampfhandlungen. Der Abtransport der 356. Infanteriedivision nach Ungarn verläuft weiterhin planmäßig. Die 16. SS-Panzergrenadierdivision ist in der Versammlung begriffen, um für den Abtransport bereitzustehen.« – Jodl weist dann noch auf den örtlichen Erfolg einer Pionierkompanie im Raum nördlich von Florenz hin und schmückt die Leistungen dieser Soldaten entsprechend aus. Hier unterbricht ihn Hitler mit einer ungeduldigen Handbewegung, und Jodl fährt fort, von Armeen zu berichten. Man merkt an der Art des Vortrages Jodls, wie sehr er immer wieder versucht, sich auf Hitler einzustellen. Hitlers Laune ist heute nicht die beste.

Dann beginnt Jodl mit seinem Lagebericht über die Westfront. Hitler sitzt immer noch mit krummem Rücken, vornübergebeugt, und starrt, ohne nach links oder rechts zu blicken, durch seine Brille auf die Lagekarte. Sein Oberkörper lastet wie kraftlos auf den aufgestützten Unterarmen.

»Mein Führer, im Westen, an der unteren Maas, haben sich unsere Brückenköpfe gegen starke Angriffe der 1. kanadischen Armee behaupten können. Der bei der Heeresgruppe B über die Oure gebildete feindliche Brückenkopf konnte abgeriegelt werden. Durch die starken feindlichen Angriffe, die auch auf den linken Flügel der 15. Armee übergriffen, wurden unsere Reserven, die 12. Volksgrenadierdivision, die 3. Panzergrenadierdivision und die 9. SS-Panzerdivision, jedoch gebunden.« Jodl fährt dann fort und berichtet über ein Stoßtruppunternehmen im Raume Hollerath. Der Führer des Stoßtrupps, ein Feldwebel, zeichnete sich besonders aus.

Die Lage im Westen steht noch ganz unter dem Eindruck der verlorenen Schlacht in den Ardennen. Auf beiden Seiten wird umgruppiert. Irgendwelche Siegesmeldungen sind nach dieser Niederlage mit dem besten Willen nicht aufzutreiben, also weist Jodl in seinem Vortrag, in sichtlichem Bemühen, Hitler bei Laune zu halten, auf derartige Einzelleistungen von Soldaten hin. Aber dieses Mal ist es Hitler zuviel. Er unterbricht Jodl bei seinem Vortrag über das Stoßtruppunternehmen abermals und fordert ihn auf, mit seinem Bericht über die Gesamtlage im Westen fortzufahren.

»Bei der Heeresgruppe G, im Bereich der 19. Armee, hält der feindliche Druck auf Breisach an. Im Raume Colmar konnten eigene Gegenstöße Erfolge erzielen. Der Abtransport der 25. Panzergrenadierdivision konnte im wesentlichen abgeschlossen werden. An der Südfront der Heeresgruppe nur geringe Kampftätigkeit.

Bei den Festungen an der Atlantikküste kann die Versorgungslage als befriedigend angesehen werden. La Rochelle gab Mannschaften und Versorgungsgüter an die Girondemündung ab, was zu einer ausreichenden Verstärkung der Seeblockade von Bordeaux führte.

Die Umgruppierungen in Norwegen, die sich aus dem weiteren Herausziehen der 199. Infanteriedivision ergeben, verlaufen planmäßig. Das schlechte Wetter im Nord-Ostsee-Raum bedingt Störungen beim Abtransport der Truppen aus Oslo.

Aus Dänemark werden geringe Sabotageaktionen gemeldet. Die für den Abtransport bestimmten 16 Marschbataillone befinden sich in der Versammlung. Die von dem Oberbefehlshaber der Marine aus dem Ostseeraum abzugebenden 20 000 Mann werden in Dänemark ihre infanteristische Ausbildung finden.«

Jodl hat seinen Vortrag beendet. Er ist wie ein geschickter Jongleur; durch seine jahrelange Tätigkeit in Hitlers Umgebung kennt er dessen Stimmungen und Launen genau und versteht es hervorragend, seine Vorträge darauf einzurichten. Keitel als Chef des OKW hat während der ganzen Zeit kein Wort hervorgebracht, auch an der Schlußbesprechung beteiligt er sich nicht. Es hat ja doch keinen Sinn! Nur Göring gibt manchmal durch dazwischengeworfene Worte seiner unmaßgeblichen Meinung über die Landkriegführung Ausdruck. An den anschließenden Diskussionen beteiligt sich auch Bormann.

Hitler scheint mit dem Vortrag Jodls zufrieden. Er richtet sich in seinem Schreibtischstuhl etwas auf und wendet sich scherzend an Keitels Adjutanten, Oberstleutnant von John. »John, achten Sie mir gut auf die beiden alten Herren, daß sie mir bei den Luftangriffen auch rechtzeitig in den Bunker gehen!« – Ja, ja, es sind für ihn zwei gute Mitarbeiter, die sich immer wieder auf ihn einstellen und ihm nicht offen widersprechen. Durch ihre Art fühlt er sich als Feldherr bestätigt. Das ist es, was er von engen Mitarbeitern verlangt.

1. Der Autor Gerhard Boldt in der Uniform eines Rittmeisters des Kavallerieregiments 13 in Lüneburg.

2. Der Eingang der Neuen Reichskanzlei mit dem von Albert Speer entworfenen Innenhof und den Plastiken von Arno Breker.

3. Die Mosaikhalle der Neuen Reichskanzlei, in der die Prinzipien der NS-Baukunst in Marmor und Bronze umgesetzt sind.

4.5. 1944 diente Boldt bei der Abteilung Fremde Heere Ost. Das Bild *oben* zeigt Gehlen und seinen späteren Nachfolger Wessel bei einem privaten Beisammensein, dem der Autor beiwohnte, das Bild *unten* den Führungsstab der Abteilung mit Gehlen (O) und Wessel (X).

Es folgt nun die Ostlage. Generaloberst Guderian, Chef des deutschen Generalstabes, gibt zuerst einen Überblick über die Gesamtlage an der Ostfront.

»Bei der Heeresgruppe Süd konnten im Raume des Plattensees feindliche Angriffe gegen die Südfront der Heeresgruppe abgewiesen werden. Die bereits abgeschnittene Besatzung von Dunapentele wurde zurückgezogen. Es besteht hier die Absicht, die Front weiter zurückzuverlegen und den Velencer See in den Frontverlauf einzubeziehen. Feindansammlungen im Raume südlich Stuhlweißenburg sowie im Raume nördlich des Donauknies lassen auf einen bevorstehenden Angriff der Russen schließen. Die Lage der eingeschlossenen Besatzung von Budapest wird stündlich schwerer. Versorgungsgüter, Munition und Verpflegung konnten zwar eingeflogen und abgeworfen werden, decken aber nicht annähernd den Bedarf. An der Burg wird gekämpft. An der Westfront des Einschließungsringes gelang den Sowjets ein etwa ein Kilometer tiefer Einbruch.

Bei der Heeresgruppe Mitte befindet sich die Armeegruppe Heinrici in der Absetzbewegung auf die ›Büffel‹-Stellung, in die der Feind allerdings an einigen Stellen bereits hineinstoßen konnte. Es wurden unsererseits Gegenstöße unternommen. Der feindliche Brückenkopf bei Ratibor wurde verstärkt. Die Heeresgruppe setzt hier die 20. Panzerdivision ein. Gegen die feindlichen Brückenköpfe beiderseits Oppeln konnten Erfolge erzielt werden. Dagegen konnten die Sowjets ihren Brückenkopf bei Ohlau erweitern. Im Brückenkopf von Steinau hat sich die Lage weiter verschärft. In Steinau selbst wird gekämpft. Bei Kulm konnten 27 feindliche Panzer abgeschossen werden. Das Korps des Generals von Saucken hat sich bis an die Oder durchgekämpft und ist zum Übersetzen über die Oder bereit.

Im Bereich der Heeresgruppe Weichsel setzten sich unsere Verbände ostwärts Glogau ab. Aus dem eingeschlossenen Posen werden starke feindliche Angriffe von allen Seiten gemeldet. In den Lazaretten Posens liegen noch mehr als 2000 Verwundete. Die Versorgungslage ist mehr als kritisch. Im Raum nordostwärts Frankfurt an der Oder wird bei Bischofssee und Sonneburg gekämpft. Bei Küstrin konnten die sowjetischen Spitzen abgewiesen werden. Bei Zielenzig, nordwestlich von Küstrin, gelang den Russen die Bildung eines Brückenkopfes auf dem Westufer der Oder. Der Tirschtigel-Riegel wurde an mehreren Stellen durchstoßen. Schwiebus und Schneidemühl wurden eingeschlossen. Bei Kienitz, Neudamm und Freienwalde wird gekämpft.

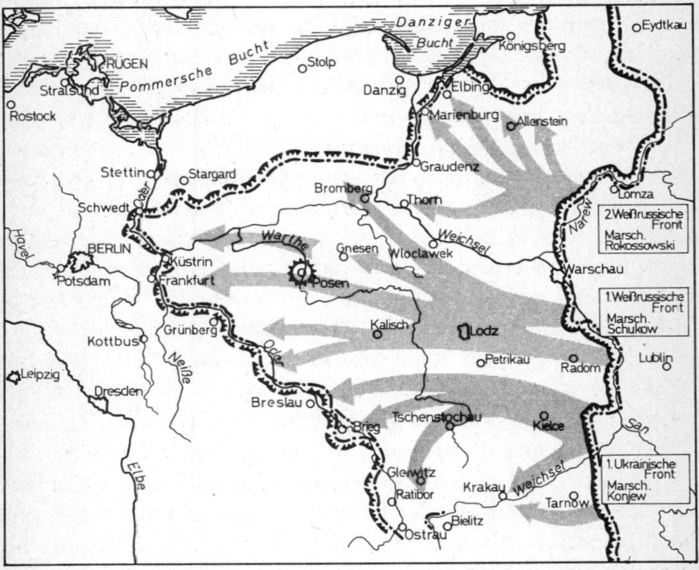


*Zwischen dem 12. und 15. Januar 1945 griffen die Russen aus den Baranow-, Pulawy-, Warka- und Narewbrückenköpfen an und erreichten nach knapp drei Wochen die Oder nur 70 km vor Berlin (gerasterte Pfeile).*

Die Besatzung von Thorn, die in Richtung Nordosten ausbricht, konnte weiter Boden gewinnen. Um das Schloß Marienburg wird gekämpft. Bei Elbing konnte die Verbindung nach Westen wiederhergestellt werden. In Ostpreußen gingen Heilsberg und Friedland verloren. Der eigene Angriff blieb ohne Erfolg. Südwestlich von Königsberg wird gekämpft. Die Russen sperren hier die Haff-Straße. Nördlich Königsbergs konnte der Gegner weitere Erfolge erzielen. Feindliche Angriffe im Samland konnten abgewiesen werden.

Von der Kurlandfront wird nur geringe Kampftätigkeit gemeldet. Die Versorgungslage ist hier befriedigend. Der Abtransport des III. SS-Korps sowie der Reste der 4. Panzerdivision und der 32. Infanteriedivision laufen planmäßig. Des weiteren werden die 389. und die 281. Infantieriedivision abtransportiert.«

Die Art dieses Vortrages ist knapper, sachlicher und hat nichts von der verbindlichen Art des Jodlschen Vortrages. Das liegt wohl in erster Linie im Charakter des Generalobersts begründet, andererseits auch in seiner Einstellung zu Hitler. Im Jahre 1941, nach dem Scheitern der deutschen Offensive auf Moskau, war es zu harten sachlichen Auseinandersetzungen zwischen beiden gekommen, und Hitler hatte Guderian »nach Hause« geschickt. Er hatte ihm zu viel eigene Meinung, er war ihm unbequem. Außerdem brauchte Hitler aus propagandistischen Gründen der Öffentlichkeit gegenüber Sündenböcke für das Scheitern der von ihm persönlich angesetzten Offensive auf Moskau.

Nach dem Scheitern des Putsches gegen Hitler am 20. Juli 1944 wurde der damalige Chef des Generalstabes, General Zeitzler, von Hitler abgesetzt. Der dann von Hitler als Nachfolger in Aussicht genommene General Buhle stand wegen einer Erkrankung nicht zur Verfügung. Daraufhin wurde Guderian, an dessen hervorragende Fähigkeiten als Panzerführer sich Hitler jetzt wohl erinnerte, auf den Posten des Chefs des deutschen Generalstabes berufen.

Guderians Rückkehr in die aktive militärische Führung stand nicht gerade unter einem besonders günstigen Stern. Seit den Tagen des 20. Juli 1944 war Hitlers Vertrauen in das gesamte deutsche Offizierskorps, vor allem aber in das des Generalstabes, restlos erschüttert. Trotzdem war das Verhältnis zwischen beiden während der ersten Monate nach Übernahme Guderians noch tragbar gewesen, bis es dann im Dezember 1944 erneut zu harten sachlichen Zusammenstößen mit Hitler kam. Diese Auseinandersetzungen waren auf grundlegende militärische Meinungsverschiedenheiten zurückzuführen. Es darf nicht unterschätzt und muß Guderian hoch angerechnet werden, daß er immer wieder die Courage aufbrachte, zu mahnen und Hitler offen zu widersprechen. Er war zu diesem Zeitpunkt einer der ganz wenigen in der Umgebung Hitlers, der seinen eigenen Standpunkt verfocht und, wenn erforderlich, Hitler rückhaltlos widersprach.

Nach dem Scheitern der Ardennenoffensive, die am 16. Dezember 1944 begonnen hatte, war Hitler von der fixen Idee besessen, er dürfe sich nicht in die Defensive drängen lassen. Er glaubte fest, den Gegner durch offensive Kriegführung über die eigenen Schwächen hinwegtäuschen zu können. Er, Adolf Hitler, mußte offensiv bleiben, offensiv um jeden Preis – das war das politische und militärische Axiom seines Lebens. Er wollte natürlich auch Zeit gewinnen.

Guderian hielt diese Ideen für falsch, seine Grundauffassung von diesen Dingen war der Hitlers völlig entgegengesetzt. Er war der Ansicht, daß Deutschlands Fronten viel zu lang waren und unsere Kräfte nicht annähernd ausreichten, um auf der einen Seite offensiv zu bleiben und auf der anderen Seite, vor allem im Osten, eine hinreichend starke Verteidigung führen zu können. Unsere Abwehrfronten im Osten waren doch überall bis zum alleräußersten gespannt. Guderians Hauptziel war daher, auf alle Fälle zu versuchen, die Rote Armee nicht nach Mitteleuropa hereinzulassen. Deswegen schlug er vor, alle zur Verfügung stehenden militärischen Kräfte zum Aufbau und zur Stützung einer starken Verteidigungsfront im Osten heranzuziehen. Um das zu erreichen, mußte die Westfront, ohne Rücksicht auf schwere Rückschläge, geschwächt, auf offensive Prestigeerfolge jeglicher Art verzichtet und die gesamte Kurlandfront aufgegeben werden.

Und wie war es dann in Wirklichkeit gekommen? Hitler hatte sich geweigert, Weihnachten 1944 die Konsequenzen aus dem Scheitern der Ardennenoffensive zu ziehen, wie er sich auch weigerte, die Offensive abzublasen, den erreichten Frontvorsprung zurückzunehmen und die dadurch freiwerdenden Truppen zur Stärkung der Abwehrfront im Osten zu verwenden.

Am 24. Dezember 1944 fuhr Guderian von Zossen ins Führerhauptquartier »Adlerhorst« bei Bad Nauheim, wohin Hitler nach Verlassen seines Hauptquartiers »Wolfsschanze« in Ostpreußen gegangen war, um persönlich die Ardennenoffensive im Westen zu führen. Guderian erbat, ja forderte an diesem 24. Dezember von Hitler, unter Einsatz seiner ganzen Person und seiner ganzen Beredsamkeit, den Abbruch der Ardennenoffensive und den sofortigen Abtransport der freiwerdenden Verbände an die äußerst bedrohte Ostfront. In diesem Zusammenhang nannte Guderian erstmals den 12. Januar 1945 als Angriffstermin der Russen.

Hitler lehnte es ab, Guderians Gedankengängen zu folgen, und befahl statt dessen für die Neujahrsnacht 1944/45 die Operation »Nordwind«, mit der er das Elsaß zurückgewinnen und die dort stehenden Divisionen der amerikanischen 7. Armee vernichten wollte. Hiermit erhoffte er sich nicht nur einen zweiten Prestigeerfolg, sondern auch ein Wiederanlaufen der festgefahrenen Ardennenoffensive, an deren großen strategischen Erfolg er so viel Hoffnungen und persönlichen Ehrgeiz gehängt hatte. Im Zusammenhang mit diesen erträumten militärischen Erfolgen gab er Wunschvorstellungen nach, die in der Vernichtung der Amerikaner und Engländer gipfelten. Das alles in völliger Verkennung der wahren militärischen und materiellen Stärkeverhältnisse im Westen und trotz der alarmierenden Meldungen über den bevorstehenden Großangriff der Russen aus dem Narewbrückenkopf und den drei Weichselbrückenköpfen bei Warka, Pulawy und Baranow am 12. Januar 1945.

Am 31. Dezember fuhr Guderian von Zossen aus abermals ins Hauptquartier »Adlerhorst«, um von Hitler Reserven und Verstärkungen für die Ostfront zu erhalten. Um seine Forderungen zu untermauern, vor allem aber, um Hitler die ungeheure Gefahr, die sich im Osten zusammengebraut hatte, vor Augen zu führen, hatte er die durch die Abteilung Fremde Heere Ost ausgearbeiteten Feindunterlagen mitgebracht. Aber auch dieser Versuch Guderians, Hitler umzustimmen, blieb ohne Erfolg.

Am 9. Januar wurde Guderian in derselben Angelegenheit mit den entsprechenden Unterlagen im »Adlerhorst« bei Hitler noch zwingender vorstellig. Zum wiederholten Male wurde der 12. Januar als Angriffstermin der Russen genannt.

Aber Hitler wollte von alldem nichts wissen. Er nannte die Arbeit von General Gehlen »völlig idiotisch« und einen »unverschämten Bluff«. Hitler wollte an diese russischen Angriffsvorbereitungen und Massierungen nicht glauben, weil sie nicht in sein Konzept paßten und mit seinen Plänen nicht übereinstimmten. Sein Standpunkt war: »Die deutsche Ostfront muß sich selber mit dem helfen, was sie hat.«

Es kam, wie der Generalstab vorausgesagt hatte: Am 12. Januar begann der russische Großangriff an Weichsel und Narew, südlich und nördlich Warschaus, mit ungeheuren Kräften. Da unsere Front viel zu schwach war, führte er bereits nach zwei Tagen zum völligen Zusammenbruch fast der gesamten Abwehrfront zwischen Ostpreußen und den Karpaten. Das Generalgouvernement ging verloren, Schlesien, der größte Teil Ostpreußens und die deutschen Provinzen ostwärts der Oder, ausgenommen Hinterpommern, folgten. Die Rote Armee stand bei Küstrin diesseits der Oder vor den Toren Berlins.

Guderian hat seinen Vortrag beendet, er grüßt kurz und tritt zurück. Ich ziehe die letzte Vortragskarte vom Kartentisch. Es folgt die Schlußbesprechung. Dann tritt General Christian vom Luftwaffen-Führungsstab vor und beginnt mit der »Luftlage«. Göring und sein Stabschef, General Koller, stehen etwas abseits und hören zu.

»Mein Führer, zur Unterstützung unserer Truppen im Raume Monschau wurden 38 Einsätze unserer Schlachtflieger geflogen. Von den ›Moskitos‹, die Berlin anflogen, wurden zehn Maschinen abgeschossen. Etwa 900 britische Maschinen flogen einen Terrorangriff gegen Mainz und Ludwigshafen. Gegen Ludwigshafen/Mannheim flogen außerdem 600 viermotorige Bomber der Briten einen Tages-Terrorangriff. Wien griff der Feind mit 450 viermotorigen Maschinen an. Weitere 150 Maschinen griffen Deutz an. Weitere Angriffe von ein- und zweimotorigen Maschinen wurden . . .«

Guderian ist inzwischen an den Großadmiral Dönitz herangetreten, geht mit ihm in den Hintergrund des Arbeitszimmers und spricht leise, aber eindringlich auf ihn ein. Er kennt Dönitz' Einfluß bei Hitler. Er weiß, daß Dönitz eher eine Angelegenheit mit Aussicht auf Erfolg bei Hitler durchfechten kann als er selbst.

Das Gespräch zwischen beiden dreht sich wieder einmal um die Kurlandfront. Guderian will unbedingt die dort abgeschnittene 16. und 18. Armee mit den dreiundzwanzig Divisionen zur Stärkung der Ostfront vor Berlin ins Reich zurückführen. Ein Durchbruch nach Ostpreußen, wie Guderian ihn während der letzten Monate des Jahres 1944, als die Front um die Stadt Memel und am Fluß Memel noch fest stand, immer wieder von Hitler gefordert hat, kommt jetzt nicht mehr in Frage. Zu Wasser, von den beiden kurländischen Häfen Windau und Libau aus, wäre die Rückführung der Truppen jetzt noch möglich. Aber höchste Eile ist geboten. Mit jedem weiteren Tage werden die Transportmöglichkeiten und somit die Chancen für eine erfolgreiche Rückführung geringer. Jeder Mann wird an der Oder dringend gebraucht. Alle bisherigen Vorstöße Guderians in dieser Richtung sind von Hitler mit dem Hinweis auf Schweden abgeschlagen worden. Er fürchtet, Schweden könnte in letzter Stunde noch in den Krieg eintreten, obwohl die Gesandtschaft aus Stockholm das Gegenteil berichtet, und er glaubt, daß nur die Anwesenheit der Kurlanddivisionen die Schweden von diesem Schritt zurückhält.

Hinzu kommen Hitlers 1944 von Dönitz noch stark unterstützte Argumente, daß mit dem Verlust Kurlands auch die wichtigen U-Boot-Ausbildungsbasen im Raume Danzig gefährdet seien.

General Christian trägt immer noch vor. »... Zur Versorgung unserer eingeschlossenen Verbände in Budapest wurden sechs Maschinen eingesetzt. Im schlesischen Kampfraum haben unsere Verbände weiterhin Erfolge bei der Bekämpfung feindlicher Panzer und Fahrzeuge erzielen können. Hier wurden 20 Panzer und 600 Fahrzeuge vernichtet. Besonders bewährt hat sich hierbei das 1. Jagd-Kommando. Die Luftflotte ›Reich‹ hat im Augenblick die Bekämpfung der sowjetischen Brückenköpfe diesseits der Oder sowie die Bekämpfung der feindlichen Truppenansammlungen im Bereich der 9. Armee ...« Er spricht weiter von feindlichen Bombenangriffen an hartumkämpften Fronten und von Versorgungsflügen für abgeschnittene Kampfgruppen.

Hitler unterbricht ihn ungeduldig: »Göring, wie steht es denn mit dem Einsatz der neuen Jagdmaschinen?«

Göring stottert verlegen und läßt dann General Koller sprechen. Der wiederum übergibt das Gespräch an Christian.

»Mein Führer, es haben sich gewisse Produktionsschwierigkeiten ergeben, die Eisenbahnverbindungen und Transportmöglichkeiten werden immer schwieriger, ich ...«

Hitler unterbricht wieder mit einer unwirschen Handbewegung. »Weiter«, sagt er dumpf und heiser.

Und General Christian fährt mit seinem Lagevortrag fort. Wie sollen die Maschinen auch fertig werden? Kaum ist die Entwicklung eines neuen Flugzeugtyps abgeschlossen und mit der Massenproduktion begonnen worden, da kommt Hitler mit einem neuen Verbesserungsvorschlag, den ihm irgend jemand aufgeschwatzt hat, verbietet den Einsatz der fast fertiggestellten Maschinen und befiehlt eine neue Konstruktion. So geht es schon seit Jahren. Der deutschen Flugzeugindustrie aber gelingt es nicht, irgendeine wirklich schnelle Maschine mit großer Feuerkraft in großer Zahl herauszubringen.

1943 verbot Hitler den Bau bzw. die Serienproduktion des Messerschmitt-Düsenjägers Me 262, der zweifellos jedem alliierten Jäger überlegen war. Hitler wollte nun einmal nicht verteidigen und wollte aus den gegebenen Realitäten nicht die erforderlichen Rückschlüsse ziehen. Hitler wollte immer noch angreifen und befahl deshalb den verstärkten Bau von Bombern und die alsbaldige Wiederaufnahme von Bombenangriffen auf England. Das war im Jahre 1943, als bereits eine deutsche Stadt nach der anderen in Schutt und Asche sank. Die deutsche Luftabwehr, die deutschen Jagdmaschinen blieben denen der Engländer und Amerikaner hoffnungslos unterlegen. Für diese Massen alliierter Maschinen bedeuteten die gelegentlichen Einsätze deutscher Jagdflieger kaum mehr eine große Gefahr.

Die Marinelage wird jetzt von Admiral Wagner, dem Chef der Seekriegsleitung, vorgetragen. Dönitz steht wie immer am Kartentisch Hitler direkt gegenüber. Neben ihm steht Admiral von Puttkamer, seit 1934 Marineadjutant bei Hitler und Verbindungsoffizier zum Großadmiral.

Wagner berichtet von Truppentransporten und Versorgungsfahrten zwischen Norwegen, Dänemark und den deutschen Häfen. Er berichtet vom Einsatz der Kreuzer »Prinz Eugen«, »Lützow« und »Scheer« zur artilleristischen Unterstützung der schwer kämpfenden Heeresverbände im ostpreußischen Küstengebiet, von Versorgungs- und Truppentransporten zwischen Kurland und den Häfen der westlichen Ostsee sowie dem unermüdlichen und aufopfernden Einsatz des noch zur Verfügung stehenden See-Transportraumes zur Evakuierung von Hunderttausenden von Flüchtlingen aus Ostpreußen und Danzig.

Nachdem Admiral Wagner seinen Vortrag beendet hat, tritt er zurück. Nach einer kurzen Pause folgt die allgemeine Schlußbesprechung, an der sich fast alle der Anwesenden von Rang und Namen beteiligen, gleichgültig, ob sie die erforderliche Sachkenntnis dazu besitzen oder nicht.

Die eigentliche Lagebesprechung ist zu Ende. Alle Blicke ruhen auf Dönitz, der sich an Hitler gewandt hat. »Mein Führer, nach Rücksprache mit dem OKH hätte ich zur Frage der Rückführung der Kurlandtruppen folgendes zu melden: Der Plan für die Rückführung ist ausgearbeitet. Bei rücksichtslosem Einsatz der verfügbaren Schiffe, Drosselung aller übrigen Anforderungen an Schiffsraum und stärkster Unterstützung durch die Luftwaffe rechne ich mit vier Wochen für die Rückführung der Mannschaften und des notwendigen Materials. Auf einen Teil des Großgeräts müßte allerdings verzichtet werden. Alles in allem handelt es sich um fünfhunderttausend Mann. Die Verladekapazität von Windau und Libau ist ausreichend.«

Dönitz' Vortrag war mit der Beredsamkeit einer starken inneren Überzeugung vorgetragen worden, obgleich er sich noch vor wenigen Monaten gegen diesen Plan des Generalobersten Guderian ausgesprochen hatte. Jetzt standen die Russen vor den Toren Danzigs, Gdingen war ebenfalls bedroht. Dönitz blickte Hitler erwartungsvoll an.

Hitler steht betont schwerfällig auf und geht, das linke Bein schlurfend nachziehend, die Hände auf dem Rücken verschränkt, einige Schritte im Zimmer auf und ab. Dann dreht er sich brüsk um und sagt in sehr scharfem und verletzendem Ton, beinahe schreiend: »Ich habe schon einmal gesagt, daß eine Rückführung der Kurlandtruppen nicht in Frage kommt. Ich kann auf das Material nicht verzichten. Im übrigen muß ich auf Schweden Rücksicht nehmen.« Und etwas ruhiger werdend: »Eine Division kann abtransportiert werden. Guderian, machen Sie mir bis morgen einen entsprechenden Vorschlag. Ich danke Ihnen, meine Herren. Bormann, bitte bleiben Sie hier.«

Die anwesenden Offiziere grüßen, die Adjutanten nehmen ihre Unterlagen und Aktentaschen auf, und alle, bis auf Bormann, verlassen das Arbeitszimmer. Auch Dönitz geht etwas gedankenverloren vor sich hin sinnend. Es war wohl die Art und Weise, wie Hitler seinen Antrag abgelehnt hatte, die ihn jetzt so nachdenklich sein ließ.

Ein kleiner Vorfall sollte übrigens gar bald bewirken, daß ich für Dönitz eine unbestimmbare Zuneigung empfand.

Es war noch im Februar 1945, also zu einer Zeit, als ich mich in meiner neuen Position, als O I Chef Generalstab, keineswegs ganz sicher fühlte und mich meiner Aufgaben durchaus nicht mit abgeklärter Routine entledigte. Von Freytag-Loringhoven war in Zossen geblieben, und ich mußte Generaloberst Guderian allein zur Lagebesprechung in die Reichskanzlei begleiten. Die »Führerlage« fand in Hitlers großem Arbeitszimmer statt. Vor Beginn der »Lage« war ich unter Aufsicht von Hitlers persönlichem SS-Adjutanten Günsche allein im Arbeitszimmer gewesen, um die großen Generalstabskarten für den Lagevortrag Guderians der Reihenfolge nach auf den Kartentisch vor Hitlers Sessel aufzulegen. Hierbei nun unterlief mir ein Fehler; ich überlegte wohl beim Auflegen der Generalstabskarten die Folge des Lagevortrages. Dieser begann grundsätzlich mit der Heeresgruppe in Ungarn und endete mit der Heeresgruppe in Kurland. Anstatt nun aber der Reihenfolge nach als erste Karte und somit zuunterst die von Kurland aufzulegen, legte ich die erste Vortragskarte, die der Heeresgruppe in Ungarn, als erste auf den Kartentisch und als oberste die von Kurland. Für einen Außenstehenden mag das ein unbedeutender, leicht zu behebender Fehler sein, es kam aber fast einem Kapitalverbrechen gleich. General Burgdorf hatte die im Vorzimmer versammelten Herren zur Besprechung in das Arbeitszimmer gebeten, Hitler hatte jeden begrüßt und dann auf seinem Sessel vor dem Kartentisch Platz genommen. Göring, Dönitz, Keitel, Himmler, Jodl sowie sämtliche Verbindungsoffiziere, Vertreter der Ministerien und Adjutanten hatten sich um den Kartentisch gruppiert. Guderian stand zum Vortrag links und ich unmittelbar rechts neben Hitler, um die Generalstabskarten, entsprechend dem Vortragsablauf und der Vortragsfolge, jeweils zu entfernen und die von mir mitgeführten Unterlagen, entsprechend den jeweiligen Ausführungen Guderians, Hitler vorzulegen.

Generaloberst Guderian begann mit seinen Ausführungen über den ungarischen Kriegsschauplatz. Mitten im ersten Satz hielt er inne und blitzte mich wütend an. Hitler sah mich schweigend mit einem undefinierbaren Blick von unten herauf an und lehnte sich in seinen Sessel mit einer gelangweilten Geste zurück. Ich stammelte irgend etwas Zusammenhangloses und Unüberlegtes und glaubte, in den Boden zu versinken. Die Generalstabskarten lagen in der genau umgekehrten Reihenfolge vor Adolf Hitler, Kurland zuoberst, Ungarn zuunterst. Alles blickte mich vorwurfsvoll an wie einen Gewaltverbrecher. Nur Großadmiral Dönitz lächelte mir zu, sagte ein paar tröstende Worte, nahm den Kartenstapel hoch und forderte mich mit einem Kopfnicken auf, Karte für Karte in der richtigen Reihenfolge neu aufzulegen. So dauerte es nur einen Augenblick, und der Schaden war behoben. Die »Führerlage« konnte ihren Anfang nehmen.

Nachdem die großen schweren Türen zu Hitlers Arbeitszimmer geschlossen worden sind, beginnt im Vorzimmer ein lebhaftes Treiben. Die Adjutanten telefonieren. Göring und sein junger Ordonnanzoffizier verabschieden sich. Himmler, Kaltenbrunner und auch Fegelein folgen. Die anderen setzen sich an die Tische, lassen sich wieder Erfrischungen geben und diskutieren die Lage. Eine der Ordonnanzen tritt an Keitel heran und bietet ihm eine Kiste der traditionellen Zigarren an. Der Generalfeldmarschall schmunzelt, sucht sich mit pedantischer Sorgfalt eine aus und macht sich umständlich an die Vorbereitungen zum Rauchen. Eine zweite Zigarre verschwindet in seiner rechten Brusttasche. Dönitz trinkt mit den Offizieren seines Stabes Wacholderschnaps. Nach etwa einer halben Stunde wird zum Aufbruch gerüstet, und dann geht es durch die endlosen Gänge und Räume an den Posten und Sicherungen vorbei, bis wir wieder unter freiem Himmel stehen. Es geht bereits auf 19.30 Uhr. Unser Wagen fährt vor.

Die Nacht ist sternenklar. Völlig abgeblendet fahren wir

durch die dunkle Stadt. Ein endloses Trümmermeer gleitet an uns vorüber. Straße um Straße keine Spur von Leben, nicht der kleinste Lichtstrahl. Finster und bizarr, wie die Kulissen einer Gespensterwelt, ragen Häuserreste in den Nachthimmel, als habe hier nie eine blühende Millionenstadt gestanden mit hellerleuchteten Straßen, schönen Fensterauslagen und gutgekleideten Menschen. Der Fahrer macht eine scharfe Kurve um einen abgesperrten Blindgänger. Wir lassen Tempelhof hinter uns, der Häuserwald lichtet sich, und bald umfängt uns der würzige Duft von Kiefernwäldern.

Nach etwa halbstündiger Fahrt biegt der Wagen links ab und fährt kurze Zeit darauf durch ein großes Tor. Wir sind im Hauptquartier bei Zossen angelangt.

Kurz nach Ankunft in unserem Bunker mit den Arbeitsräumen erhalten wir Meldung, daß in Kürze mit einem Voralarm zu rechnen sei. Britische Bomberverbände im Anflug auf Berlin.

Gegen 21 Uhr erfolgt ein Anruf aus der Reichskanzlei: »Um 24 Uhr Lagebesprechung im Führerbunker. Anfahrt Hermann-Göring-Straße. General Gehlen soll Unterlagen für die Ungarn- und Pommernfront mitbringen.«

Hitler beraumt häufig derartige nächtliche Konferenzen an, ohne Rücksicht auf seine Mitarbeiter; er selber ist ein ausgesprochener Nachtarbeiter. Für uns bedeuten diese Lagebesprechungen nur lästigen Zeitverlust. Guderian ist jedesmal äußerst ungehalten darüber, da wir ohnehin schon mit Arbeit überlastet sind. Kaum habe ich den Hörer aufgelegt, meldet sich die Reichskanzlei abermals: »Auf Grund des Luftangriffes findet die Besprechumg um 1 Uhr statt, alles andere bleibt wie befohlen.« Also wieder eine Nacht ohne Schlaf.

Seit Beginn des Luftangriffes sitzen wir nun schon im Keller, im zweiten Stock unter dem Erdgeschoß unseres Bunkers. Zwei der zwölf Bunker haben zwei Stockwerke unter der Erde. Sämtliche Bunker sind durch einen unterirdischen Gang miteinander verbunden. Außerdem besteht eine unterirdische Verbindung zum Amt 500, dem etwa zwanzig Meter unter der Erde gelegenen größten Fernmeldeamt Deutschlands. Hier laufen alle militärischen und die wichtigsten zivilen Leitungen zusammen, die die zentralen Kommando- und Verwaltungsstellen in und um Berlin mit dem gesamten Reichsgebiet und den europäischen Ländern verbinden, die noch in deutscher Hand sind. Die dazugehörige Telefonzentrale und Vermittlung trägt den Namen »Zeppelin«. Diese ganze Bunkeranlage war bereits 1939 fertiggestellt und diente schon dem ersten deutschen Hauptquartier zur Zeit des Polenfeldzuges und der Westwallperiode als Sitz. Damals war Generalfeldmarschall von Brauchitsch Herr des Hauses und General Halder Chef des Generalstabes.

Nach Beendigung des Alarms gehen wir wieder nach oben. Dieser Umzug ist jedesmal eine umständliche Angelegenheit, weil sämtliche wichtigen Unterlagen mitgenommen werden müssen. Kurz nach Mitternacht fahren wir nach Berlin zurück. Der Horizont ist von einem weiten roten Feuerschein erhellt. Wir haben uns vor der Abfahrt genau erkundigt, welche Stadtteile durch Bomben besonders getroffen wurden und wo die Hauptbrände liegen, um nicht durch Absperrungen aufgehalten zu werden.

Langsam biegen wir von der Hermann-Göring-Straße aus in den schmalen Weg zum Führerbunker ein. Die Sicherungen sind nachts verdoppelt. An jeder Ecke stehen Posten mit Maschinenpistolen und Handgranaten. In der Dunkelheit sind die Kontrollen noch schärfer als bei Tage. Ein Posten bringt uns vom Parkplatz an den Eingang des Bunkers und liefert uns bei der dortigen Wache ab. Kein Schritt bleibt unbewacht.

Dann geht es schier unzählige Stufen hinab. Kalte, ungeputzte Betonwände. Die gesamte Bunkeranlage im Garten der Reichskanzlei wurde erst 1944 in Angriff genommen, da die Schutzräume und Keller unmittelbar unter dem Gebäude der Reichskanzlei sich als zu schwach erwiesen. Sie boten keinen hinreichenden Schutz für Hitler und seinen engsten Stab.

So ging man an den Bau dieser unterirdischen Anlage im Garten, die jetzt erst im Rohbau fertig war und nur provisorisch und überstürzt hergerichtet werden mußte. – Im wesentlichen bestand dieser ausgedehnte Tiefbunker aus zwei Stockwerken. Das unterste Stockwerk, etwa sechzehn Meter unter der Erde, beherbergte als Kernstück die Räume Hitlers mit dem Karten- und Konferenzzimmer, wo diese nächtliche Lagebesprechung stattfinden soll.

Am Fußende der nicht enden wollenden Treppe stehen wieder dieselben SS-Offiziere, die uns auch am Nachmittag kontrolliert hatten. Wieder müssen wir unsere Mäntel und Waffen ablegen, wieder müssen wir harmlos und freundlich dreinsehen, während man uns mit Blicken förmlich auszieht. Dann gehen wir in den Vorraum und warten. Kaltenbrunner begrüßt Guderian. Bormann ist wieder bei Hitler. Nach einiger Zeit öffnet sich die Tür, und Bormann bittet Kaltenbrunner herein.

Wir sind allein mit unseren Gedanken. Gegen diesen Kaltenbrunner fühlte ich vom ersten Augenblick an eine unbeschreibliche Antipathie; warum, weiß ich eigentlich nicht konkret zu sagen. Er war fast zwei Meter groß, hatte auffallend breite Schultern und Hände, die man als Pranken bezeichnen konnte. Sooft Kaltenbrunner mich begrüßte, fürchtete ich um meine Hand. Seine Gesichtszüge waren grob und brutal. Hätten seine Schmisse nicht den früheren Studenten verraten, so hätte man diesen Mann niemals für einen geistigen Arbeiter gehalten. Von Geburt war er Österreicher. Seine Laufbahn verdankte er seinem Fanatismus, eiskalter Rücksichtslosigkeit und Intrigen.

Als Chef des Reichssicherheitshauptamtes, welches die Kriminal- und politische Polizei, also SD und Gestapo, unter seiner Leitung vereinigte, war es dem damaligen Vertreter Himmlers, dem SS-Obergruppenführer Heydrich, in der Zeit nach der Machtübernahme bis vor Beginn des Krieges gelungen, Himmler in eine starke Abhängigkeit von sich zu bringen. In Berlin war es ein offenes Geheimnis, daß Heydrich es immer verstand, bei Himmler seinen Willen durchzusetzen. In den ersten Kriegsjahren gelang es dann einigen anderen Männern aus dem Stabe Himmlers, darunter vor allem Schellenberg und Ohlendorf, Heydrich bei Himmler anzuschwärzen. Heydrich verlor dadurch zwar an Einfluß bei Himmler, verstand es aber gleichzeitig, mehr und mehr Hitlers Ohr zu gewinnen. Sein krankhafter Ehrgeiz sowie sein Streben nach politischer Macht suchten nach einem neuen Tätigkeitsfeld, wo er von Himmler unabhängig war. Es gelang ihm, von Hitler den Posten des Reichsprotektors in Böhmen-Mähren als Nachfolger von v. Neurath zu bekommen. 1943 wurde Heydrich von tschechischen Widerstandskämpfern ermordet. Jetzt war der Augenblick für Himmler gekommen, seine Stellung als Reichsführer wieder zu stärken. Er mußte verhindern, daß ihm ein zweites Mal aus den eigenen Reihen ein gefährlicher Nebenbuhler erwuchs. Himmler ließ Streckenbach, eine Kreatur Heydrichs, fallen und berief Kaltenbrunner, den damaligen SD- und Gestapochef in Wien, als neuen Chef des Reichssicherheitshauptamtes auf den früheren Posten Heydrichs. Kaltenbrunner war am Anfang seiner neuen Laufbahn ein williges Werkzeug Himmlers – aber bald sah er sich von einer anderen Woge zu noch größerer Macht emporgehoben.

Drei Männer waren es, die in erster Linie um die Gunst Hitlers buhlten: Goebbels, Himmler und Bormann. Göring war auch schon in den Hintergrund gedrängt worden. Sein Prestige hatte durch das Versagen der Luftwaffe stark gelitten. Jeder von diesen vier Männern haßte den anderen, jeder suchte durch ständige Intrigen den oder die Nebenbuhler aus dem Felde zu schlagen. Als Himmler 1944 zum Heeresgruppenführer ernannt wurde und immer offenkundiger darauf hinarbeitete, eines Tages neben seiner politischen auch die militärische Macht in die Hand zu bekommen, begann Bormann für seine Machtstellung ernstlich zu fürchten. In Kaltenbrunner glaubte er, ein nützliches Werkzeug seiner Intrigen gefunden zu haben. Langsam und geschickt schob er Kaltenbrunner bei Hitler in den Vordergrund. Dieses Manöver fiel ihm um so leichter, als Himmler

6.7. Von den letzten Auftritten Hitlers außerhalb Berlins stammen diese Bilder: Besuch eines Armeekorps (*von rechts* GfM Schoerner und Oberst Rudel) (*oben*), beim Empfang der Reichs- und Gauleiter am 26. 2. 45; (*von rechts:* Hofer, Rainer, Kaufmann, Wagner, Thierack, Keller, Grohé) (*unten*).

8. Adolf Hitler bei seinem letzten Besuch auf einem frontnahen Divisionsgefechtsstand an der Oderfront im März 1945.

9. Deutsche Panzerfüsiliere beziehen eine Grabenstellung östlich Berlin. Mit so schwachen Kräften sollte man den sowjetischen Ansturm aufhalten.

10. Dieses seltene Bilddokument zeigt russische Wlassow-Soldaten unter deutschem Befehl, die südlich Berlins gegen Russen der Sowjetarmee vorgehen.

gezwungen war, nach seiner Ernennung zum Oberbefehlshaber einer Heeresgruppe die meiste Zeit auf seinem Gefechtsstand in Baden bei der Heeresgruppe G und später bei der Heeresgruppe Weichsel in Prenzlau, südwestlich von Stettin, zu verbringen, um seine militärische Befähigung unter Beweis zu stellen. Kaltenbrunner hatte die Leiter seines Einflusses auf Himmler immerhin schon so weit erklommen, daß Hitler seine Weisungen an ihn direkt gab, ohne sie über seinen Vorgesetzten Himmler zu leiten.

Nachdem wir etwa eine halbe Stunde gewartet haben, erscheinen Hitler, Bormann und Kaltenbrunner. Nach kurzer Begrüßung gehen wir in den Lagebunker, wo Hitler Guderian sofort um die »Ostlage«, den Vortrag über die militärische Lage im Osten, bittet. Der kleine Raum, in dem die Besprechung stattfindet, mißt nur etwa fünf Meter im Quadrat, seine Wände sind grau gestrichen, keine Bilder. Das Mobiliar besteht aus einer braunen Wandbank, einem großen Kartentisch und einem Schreibtischstuhl. Der Kreis der Konferenzteilnehmer ist heute sehr klein.

Guderian weiß, daß er diese seltene Gelegenheit ausnutzen muß. Er holt in seinem Vortrag weiter aus, als er es sonst zu tun pflegt. Im Mittelpunkt seiner Ausführungen steht die unmittelbare Bedrohung Berlins. Mit Berlin, erklärt er entschieden, in einem harten, fast schneidenden Ton, steht und fällt Deutschland. Es müsse also unter allen Umständen noch einmal versucht werden, diese drohende Gefahr aufzuschieben.

Es *muß* Zeit gewonnen werden! Es muß versucht werden, Millionen Deutschen die Möglichkeit zur Flucht gen Westen offenzuhalten. Guderian kämpft jetzt wie ein Löwe um die offene Tür nach Westen für die endlosen Flüchtlingstrecks. Er spricht von Stalins Befehl, der den sowjetischen Truppen während des Vormarschs drei Tage Plünderungs-, Mord- und Schändungsrecht gibt. Nach einem kurzen Schweigen erkundigt sich Hitler mit fast tonloser Stimme nach der Stärke des auf Berlin gerichteten russischen Angriffskeils.

Bei den Mannschaften ist das Stärkeverhältnis zwischen

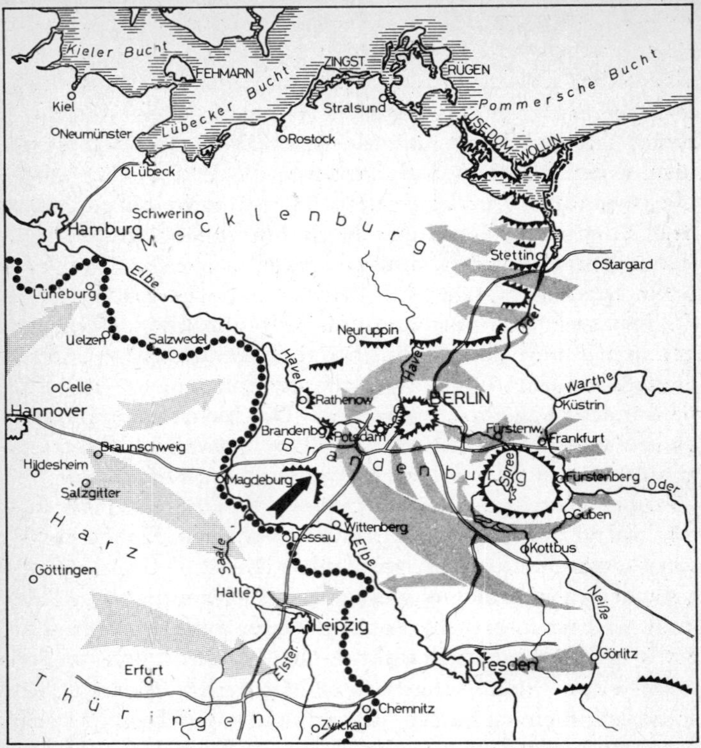


*Am 24. April 1945 vereinigten sich bei Ketzin westlich Berlins die Armeen Marschall Schukows und Marschall Konjews. Damit war Berlin eingeschlossen. Zwei Tage später trat General Wenck aus seiner Brükkenkopfstellung ostwärts Magdeburgs zu seinem Entsatzangriff auf Berlin an (schwarz ausgefüllter Pfeil).*

Deutschen und Russen etwa 1:5. Bei den Panzern jedoch, bei der Artillerie und den Munitionsvorräten der Sowjets ist das Kräfteverhältnis weit ungünstiger für die deutschen Armeen. General Gehlen, der Chef der Abteilung Fremde Heere Ost, will die Karten vorlegen, um Hitler diese erdrückende russische Übermacht klarer vor Augen führen zu können. Aber Hitler winkt ab.

Guderian fährt fort und schildert noch einmal seinen Pommernplan in allen Einzelheiten. Er versucht seine ganze Überredungskunst aufzubringen, um Hitler die Hoffnungslosigkeit unserer Lage und die zwingende Notwendigkeit seines letzten Planes klarzumachen: Die sofortige Herauslösung der beiden Kurlandarmeen, die Zusammenziehung aller irgendwie verfügbaren Reserven innerhalb des Reiches und Italiens und deren sofortigen Abtransport in den Pommernraum. Außerdem fordert Guderian für die Pommernoffensive den stärksten deutschen Panzerverband, die 6. SS-Panzerarmee unter Sepp Dietrich, die in den Ardennen gekämpft hatte, ohne Rücksichtnahme auf irgendeine Schwächung der Westfront zugunsten seines Planes. Das würde eine Streitmacht von 30 bis 40 Divisionen mit etwa 1500 Panzern bedeuten. Mit diesen Armeen will Guderian aus Pommern heraus nach Süden und aus dem Raume um Glogau nach Nordosten angreifen. Damit kann er die unmittelbare Bedrohung Berlins abwenden und eine starke strategische Verteidigungslinie entlang den Grenzbefestigungen an der alten deutsch-polnischen Grenze, Tirschtigel-Stellung genannt, aufbauen. Alles muß auf diese eine letzte Karte gesetzt werden.

Guderian spricht schneller und temperamentvoller, als es sonst seine Art ist. Er achtet nicht auf die ablehnenden, wegwerfenden Handbewegungen Hitlers, sondern fährt fort, mit Hilfe von Gehlens Unterlagen, die bis in die kleinsten Details ausgearbeitet sind, seinen Plan zu begründen. Karten, graphische Darstellungen und genaueste Berechnungen, die aus Luftaufklärungen, Nachrichtenaufklärungen, Gefangenen- und Überläuferaussagen mit nahezu wissenschaftlicher Präzision aufgebaut sind, werden vorgelegt.

Hitler sagt kein Wort. Er stiert vor sich auf die Karten, als ob er nichts höre und nichts sehe. Seine Hände sind ineinander verkrampft. Guderian hat geendet. Er ist erschöpft und sieht auf Hitler. Dieser rührt sich immer noch nicht. Die Stille ist drückend, sie wird nur von Zeit zu Zeit durch das dumpfe, ferne Rollen detonierender Zeitzünderbomben unterbrochen. Ich wage kaum mehr zu atmen und fühle mein Herz bis zum Hals schlagen. Hier wird das Schicksal des deutschen Ostens entschieden.

Hitler steht langsam auf, macht einige schleppende Schritte und blickt ins Leere. Plötzlich bleibt er stehen und verabschiedet uns sehr schnell und sehr kühl, ohne auch nur mit einem einzigen Wort auf die eindringlichen Ausführungen Guderians und Gehlens Lagebeurteilung einzugehen.

Nur Bormann bleibt zurück. Die letzten Würfel waren gefallen.

## *Hitler und seine Generale*

Hitler richtete sich in seinen Entschlüssen nicht nach den Vorschlägen seines Generalstabes. Die zweiundzwanzig Divisionen der 16. und 18. Armee blieben in Kurland. Die 6. SS-Panzerarmee aus dem Kampfraum der Ardennenoffensive sowie einige andere Divisionen von der Westfront und aus Italien wurden nicht nach Pommern verlegt, wo die deutschen Truppen in einem erfolglosen Kampf gegen eine vielfache Übermacht standen, sondern nach Ungarn. Im Raum zwischen dem Plattensee und Budapest, um Stuhlweißenburg, wurden zwölfhundert Panzer zu einem, in Anbetracht der Lage vor den Toren Berlins, völlig sinnlosen Angriff zusammengezogen. Hier in Ungarn wurden zwei Armeen als Armeegruppe Balck, die 6. Armee und die 6. SS-Panzerarmee unter Sepp Dietrich, ein Kavalleriekorps sowie Teile der 3. ungarischen Armee zusammengezogen. Hitlers Absicht war, mit diesen Kräften nach Süden und Osten anzugreifen, um den Raum Fünfkirchen bis an den Zusammenfluß von Donau und Drau wiederzugewinnen, Budapest wieder in das deutsche Abwehrsystem einzugliedern und die Donau bis zum Einfluß der Drau zum Rückgrat der deutschen Abwehr im ungarischen Raum zu machen. Die Pommernoffensive dagegen wurde nur von Teilen der schwachen 3. Panzerarmee und Teilen der 11. Armee mit nur etwa insgesamt fünfhundert Panzern angesetzt.

Guderian ließ nicht locker. Noch bis in den März hinein versuchte er, zusammen mit General Gehlen und dessen Feind-Lagebeurteilungen, Hitler von diesen Plänen abzubringen. Der Erfolg dieser Bemühungen war allerdings nur der, daß sich beide, Guderian und Gehlen, bei Hitler immer unbeliebter machten. Als Gehlen im Laufe eines Vortrages wieder einmal mit einem erdrückenden, bis in alle Einzelheiten erarbeiteten Material über sowjetische Truppenansammlungen und Absichten aufwartete, darunter genauen Angaben über die Mannschaftsstärke der sowjetischen Verbände, über die sowjetische Überlegenheit an Geschützen, Munitionsvorräten und in der Luft sowie über das ständige Anwachsen der Produktionsziffern an Panzern und Geschützen, erklärte Hitler gebieterisch und mit großem Pathos: »Ich lehne eine solche Arbeit des Generalstabes ab. Die Absichten des Feindes erkennen und daraus führungsmäßige Schlüsse ziehen wollen, können nur Genies, ein Genie aber wird sich niemals mit derartig handwerksmäßiger Kleinarbeit befassen.«

Es kam so weit, daß sich Hitler, wenn ihm von Guderian oder Gehlen unangenehme Nachrichten und Tatsachen unterbreitet wurden, »eine derart einseitig gefärbte Art des Vortrages« verbat. Hitler sagte sogar mehrfach, daß er unbeeinflußt seinem Feldherrninstinkt folgen und allein seinen Eingebungen gehorchen müsse. General Gehlen aber wurde nach der Beurlaubung Guderians am 28. März 1945 als Chef der Abteilung Fremde Heere Ost sofort seines Postens enthoben und die Abteilung auf Befehl Hitlers auf ein nicht mehr arbeitsfähiges Gremium reduziert.

Im Laufe des März tauchten auch personelle Schwierigkeiten auf. Es fiel schwer, für die Weiterführung des Krieges geeignete Truppenführer zu finden. Bei einer Lagebesprechung machte Guderian Hitler auf den Generalfeldmarschall von Manstein aufmerksam und schlug seine Wiedereinsetzung vor. Manstein war mit seiner 11. Armee nicht nur der Bezwinger Sewastopols und einer der erfolgreichsten Heerführer im Süden der Ostfront gewesen, sondern als Generalstäbler war er auch maßgeblich an der Ausarbeitung der Pläne für die erfolgreichen Großoffensiven am Anfang des Krieges beteiligt. Aber er beging den »unverzeihlichen Fehler«, Hitler wiederholt vor der Art seiner Kriegführung im Osten zu warnen. Als Guderian jetzt wieder von Manstein vorschlug, antwortete Hitler: »Wenn ich vierzig hervorragend ausgerüstete Angriffsdivisionen hätte, um den Feind entscheidend zu schlagen, so käme nur Manstein als Führer dieser Truppen in Frage. Er ist wohl der fähigste Offizier, den der jetzige Generalstab hervorgebracht hat. In der gegenwärtigen Lage aber kann ich ihn nicht gebrauchen. Ihm fehlt der Glaube an den Nationalsozialismus. Er kann daher den Belastungen, denen ein Feldherr bei der militärischen Lage heute ausgesetzt ist, nicht standhalten.«

Als Hitler im März der Zusammenbruch der Plattenseeoffensive, die am 6. und 7. März begonnen hatte, gemeldet wurde, bekam er einen seiner gefürchteten Wutanfälle. Er hatte vergessen, daß er selbst diese Offensive angeordnet hatte.

Schuld an dem Scheitern dieser Angriffsoperation war seiner Meinung nach nur der mangelnde Fanatismus des Führers der Heeresgruppe Süd, des Generals Wöhler. Mit geballten Fäusten schrie er Guderian an: »Wöhler hat dem Nationalsozialismus immer mit ablehnender Arroganz gegenübergestanden. Er ist nicht begeisterungsfähig. Wie kann ich von einem solchen Menschen erwarten, daß er größere Belastungsproben aushält?«

Wöhler wurde sofort abgelöst.

Als der Posten des Festungskommandanten von Frankfurt an der Oder neu besetzt werden sollte, versuchten Guderian und Jodl, den Oberst von Bonin vorzuschieben. Bonin war bis zum 17. Januar 1945 Chef der Operationsabteilung im OKH gewesen. Nachdem die deutsche Weichselfront nach Beginn der russischen Offensive am 12., 13. und 14. Januar 1945 zusammengebrochen war, hatte Hitler den bekannten Festungsbefehl erlassen, der darin bestand, daß »Festungen« unter allen Umständen bis zum »letzten Mann und bis zum letzten Blutstropfen« gehalten und verteidigt werden müßten. Unter Festungen waren nun nicht etwa befestigte Städte oder Plätze zu verstehen, die durch gepanzerte Festungsanlagen, Vorratslager, starke Artilleriebestückung und eine starke Festungsbesatzung dazu ausersehen waren, feindlichen Angriffen auf längere Zeit Widerstand entgegenzusetzen. Sondern es handelte sich um unbefestigte Städte oder

Ortschaften, die auf Grund ihrer Verkehrslage oder sonstiger Erwägungen vor einem Angriff oder aber während einer Angriffsoperation von Hitler dazu bestimmt wurden, Festungen zu sein. Dabei hatten sie, abgesehen von ganz wenigen Ausnahmen, mit dem überlieferten Begriff »Festung« nur die Forderung nach ihrem Zweck gemeinsam.

Auch Warschau sollte bis zum letzten Mann verteidigt werden. Dort lagen fünftausend Mann unter dem Befehl eines Generals. Dieser Festungsbefehl Hitlers erreichte den Kommandanten von Warschau jedoch mit zwölf Stunden Verspätung. So kam es, daß die deutsche Besatzung am 16. und 17. Januar 1945 abzog und nicht in der »Festung« Warschau verblieb, wie es der Festungsbefehl vorsah. Hitler machte Bonin für das verspätete Eintreffen des Befehls, ohne Beweise dafür in der Hand zu haben, verantwortlich und übergab ihn und zwei seiner Mitarbeiter der Gestapo. Bonin verschwand im Gefängnis am Lehrter Bahnhof und später in einem der Konzentrationslager.

Als das Thema der Besetzung der Festungskommandantur von Frankfurt an der Oder zur Sprache kam, sagte Jodl zu Hitler: »Wenn Sie, mein Führer, für die Verteidigung der Festung Frankfurt den besten und fähigsten Offizier haben wollen, so kommt nur einer in der ganzen Wehrmacht in Frage. Dieser eine ist der Oberst von Bonin.«

»Einen Mann«, brauste Hitler auf, »der meine Befehle nicht pünktlich ausführt, kann ich nicht gebrauchen.« Damit war der Fall erledigt, und Oberst von Bonin blieb bis Kriegsende im Konzentrationslager.

Um so größer war Hitlers wütende Unbeherrschtheit, wenn ihm Meldung von der Niederlage oder – seiner Meinung nach – über das Versagen eines guten, alten Nationalsozialisten gemacht wurde; er unterzog sich nicht vorher der Mühe, diese Meldung auf ihre Echtheit zu überprüfen oder nach den Gründen zu forschen, die zu dieser Niederlage führten. Am 14. April 1945 wurde Hitler der Fall der Stadt Wien gemeldet. Im österreichischen Kampfraum um Wien hatte die 6. SS-Panzerarmee gekämpft, die SS-Obergruppenführer Sepp Dietrich führte. Dieser »alte Kämpfer« des Nationalsozialismus war vor 1933 der Führer der »Leibstandarte Adolf Hitler« gewesen. – Als Hitler nun das Zurückgehen der 6. SS-Panzerarmee und der Fall Wiens gemeldet wurden, tobte er wie ein Besessener und ließ an Sepp Dietrich folgenden Funkspruch abgehen:

»Führer ist der Meinung, daß die Truppen nicht so gekämpft haben, wie es die Lage erforderte, und befiehlt, daß den SS-Divisionen ›Adolf Hitler‹, ›Das Reich‹, ›Totenkopf‹ und ›Hohenstaufen‹ die Ärmelstreifen abgenommen werden.«

Diese Divisionen gehörten zu den härtesten und kampferprobtesten, die die deutsche Wehrmacht zu diesem Zeitpunkt noch hatte. Die Ärmelstreifen am Unterarm der Uniformen entsprachen in ihrer sinnbildlichen Bedeutung, oder sie sollten es jedenfalls, den Traditionsabzeichen der »alten Armee«. Als Sepp Dietrich diesen Funkspruch Adolf Hitlers bekommen hatte, ließ er ihm zurückfunken, daß er sich eher erschießen würde, als diesem Befehl Folge zu leisten.

Im Februar und März 1945 entwickelte sich die Lage im Westen ebenso katastrophal wie im Osten. Nach dem ersten Übergang über den Rhein bei Remagen, dem weitere Brükkenköpfe über den Rhein folgten, fluteten die amerikanischen und englischen Armeen immer tiefer nach Deutschland hinein. Es gab kaum noch ein Halten. In diesem Augenblick proklamierte Hitler mit Unterstützung der Goebbelsschen Propagandatrommel Kampfesweise und Organisation des Werwolf, den Kampf aus dem Hinterhalt! Nach dem Vorbild vor allem russischer und polnischer Partisanen sollte dieses Gegenstück zu den Untergrundbewegungen in den früher von Deutschland besetzten Ländern plötzlich aus dem Boden gestampft werden. Kinder, Frauen, Mädchen und Greise, jeder sollte sich daran beteiligen, jeder sollte den Feind aus dem Hinterhalt vernichten.

Bildete sich Hitler wirklich ein, daß dieses verzweifelte Unternehmen noch irgendeinen militärischen Erfolg zeitigen, die Gesamtentwicklung in irgendeiner Weise aufhalten konnte? Glaubte er wirklich, daß ihm das deutsche Volk in den Untergang folgen würde? Oder sah er sich als die Zentralfigur einer riesigen, grauenhaft realistischen Wagner-Oper inmitten der Lohe stehend und wollte alle Deutschen in die Götterdämmerung seines »Tausendjährigen Reiches« mit hineinreißen? Es ist schwer zu sagen, was in dem Gehirn dieses Mannes vorging. Hitler hatte längst die Fühlung mit dem Volk verloren, er kannte es nicht mehr. Dieses Volk war kriegsmüde, unendlich erschöpft und ausgeblutet nach nahezu sechs Kriegsjahren mit all den Schrecken des Bombenkrieges. Es wollte Frieden, nichts als Frieden. Um auch nur den Schatten eines Erfolges zu erreichen, hätte die Werwolfaktion durch Hitler von langer Hand vorbereitet werden müssen. In Rußland, in der Ukraine war der Partisanenkrieg unter anderem geglückt, weil die Fronten viel zu lang waren und Deutschland nicht genug Menschen hatte, den Riesenraum auszufüllen. In Frankreich, Norwegen und Dänemark war er erfolgreich gewesen, weil die Untergrundbewegungen dieser Länder von den Alliierten mit Waffen und Propaganda unterstützt worden waren und weil diese Völker auf baldige Hilfe von außen hoffen konnten. In Deutschland fehlten alle diese Voraussetzungen.

Es stellte sich sehr bald heraus, daß die ins Leben gerufene Werwolfaktion ohne jegliche Bedeutung blieb, da der Vormarsch der alliierten Armeen viel zu rasch vor sich ging. Nicht einmal Hitlers Elitetruppen folgten mehr dem Aufruf. Als die 6. SS-Gebirgsdivision, die aus Norwegen herangebracht worden war, im Taunus von amerikanischen Truppen eingeschlossen wurde, gab Hitler dieser fünfzehntausend Mann starken Division den Befehl, sich in kleine Trupps aufzusplittern und sich in die Organisation des Werwolf einzureihen. Aber auch aus dieser Unternehmung wurde nichts. Hitler hatte jeglichen Kontakt zu seinem Volk und seinen Soldaten verloren.

Während der Werwolf im Westen eine zumindest retardierende Rolle spielen sollte, bemühte man sich im Osten Deutschlands, die Zivilbevölkerung durch einen Presse- und

Propagandafeldzug zum äußersten Widerstand gegen die Rote Armee anzufeuern. Mitte März 1945 wurde auch Guderian in die Pressekampagne hierfür einbezogen. Inzwischen war der furchtbare, endlose Strom verzweifelter Flüchtlinge aus dem Osten lawinenartig angewachsen. Auf beiden Seiten der großen Straßen aus dem Osten türmte sich eine Mauer von zusammengebrochenen Fahrzeugen, von verhungerten und erfrorenen Menschen und Tieren. In die Berliner Bahnhöfe rollte Zug um Zug mit Flüchtlingen aus dem Osten, von denen viele auf offenen Viehwagen eingeschneit und erfroren waren. Der Tod hielt in diesen Wochen überreiche Ernte. Unsägliches Elend, grauenhafte Not überall.

Aber all dies sah Adolf Hitler nicht oder wollte es nicht sehen, um nicht in seiner »genialen Entschlußkraft« gehemmt zu werden.

Während der letzten Kriegsjahre hatte er sein Hauptquartier bei Rastenburg in Ostpreußen, inmitten herrlicher Grünflächen, großer Wälder und Seen, nur selten verlassen. Die Ruhe und Schönheit dieser Landschaft hatten nichts mit den Schrecken des Krieges gemein. Für ihn bestand der Krieg nur aus Zahlen und blauen und roten Strichen auf den Generalstabskarten. Er ließ sich nicht einmal Filme von den wahren Zerstörungen des Bombenkrieges vorführen, die ihm wenigstens ein schemenhaftes Bild von der Wirklichkeit hätten geben können. Was wußte denn Hitler von den Leiden der Zivilbevölkerung? Seine engsten Mitarbeiter aus Partei und Staat waren eifrigst bemüht, obendrein noch alles Unangenehme von ihm fernzuhalten, um diesen verhängnisvollen Selbstbetrug ja nicht zu stören, sei es aus Charakterschwäche, aus Feigheit vor Hitler oder aus mangelndem Mut zur Selbsterkenntnis. Während Churchill, den Hitler einmal als »militärischen Idioten« bezeichnet hatte, über die Trümmer Londons kletterte und der Bevölkerung Mut zusprach, ja sogar, mit der Zigarre im Mund und einem Spazierstock bewaffnet, seine Soldaten dicht hinter den vordersten Linien aufsuchte, verkroch sich Adolf Hitler in den

Wäldern Ostpreußens hinter den »Sperrkreisen« von schwerbewaffneten Wachsoldaten und ließ sich nicht ein einziges Mal bei der Zivilbevölkerung der von Bombenangriffen heimgesuchten Städte oder an der Front sehen. Andererseits fand er genügend Zeit, sich mit den unwichtigsten Dingen zu beschäftigen. Staatsgeschäfte und militärische Entscheidungen über Leben und Tod von Tausenden mußten liegenbleiben, wenn es sich darum handelte, einen neuen Orden zu zeichnen. Noch im März 1945 ließ er sich für einen neuen Orden Entwürfe aus den Fabriken vorlegen. Auch konnte er sich stundenlang mit seinen phantastischen Plänen für den Umbau der Reichshauptstadt und anderer deutscher Großstädte beschäftigen. Man mag einwenden, daß dies eine Erholung und Entspannung für ihn bedeutete, daß Roosevelt ja auch seine Briefmarkensammlung hatte, aber die »Idioten« Churchill und Roosevelt waren wenigstens klug genug, das militärische Handwerk ihren Generalen zu überlassen. Nur einmal warf Adolf Hitler einen flüchtigen Blick auf die zerstörte Reichshauptstadt. Das war, als er im November 1944 sein Hauptquartier »Wolfsschanze« bei Rastenburg, wo auch der Anschlag vom 20. Juli auf ihn verübt worden war, verließ, um für nur kurze Zeit über Berlin in die Gegend von Bad Nauheim überzusiedeln. Als er mit dem Sonderzug durch die Vorstädte Berlins fuhr, war er äußerst überrascht und niedergeschlagen durch den Anblick der Verwüstungen. Er habe nicht im entferntesten geahnt, so äußerte er sich damals zu seiner Umgebung, daß die Wirkungen des Bombenkrieges derartig verheerend seien!

Als noch um die ostpreußische Grenze gekämpft wurde, hatte Guderian einen Befehl erlassen, der sich mit der Ausbildung und dem Einsatz des Volkssturms befaßte. Bormann betrachtete diesen Befehl als eine Einmischung in seinen Machtbereich. Es kam zu heftigen Zusammenstößen, wobei Guderian nachgeben mußte. Einige Zeit später entstand zwischen den beiden abermals ein Streit, diesmal um die Nationalsozialistischen Führungsoffiziere, die nach dem Attentat vom 20. Juli jedem Truppenteil beigegeben wurden. Sie waren eine Art Gegenstück zu den Politruks in der Roten Armee, eingesetzt zur politischen »Überwachung« der Truppe, vor allem aber der Offiziere. Einige dieser Nationalsozialistischen Führungsoffiziere nun setzten sich direkt mit Bormann in Verbindung und berichteten ihm über »die defätistische Haltung des Offizierskorps bei der Heeresgruppe in Schlesien«. Hierbei handelte es sich in Form und Ausmaß der Behauptungen, die nicht einmal überprüft wurden, um Übertreibungen. Bormann hatte natürlich nichts Eiligeres zu tun, als Hitler hiervon Meldung zu erstatten, der daraufhin sofort Guderian zur Rede stellte. Dieser verbat sich nun in einem scharf gehaltenen Schreiben an Bormann das Einmischen in Belange, die ihn nichts angingen, und ließ die Nationalsozialistischen Führungsoffiziere, die an Bormann direkt berichtet hatten, schwer bestrafen, weil sie nicht den militärischen Dienstweg eingehalten hatten. Die Nationalsozialistischen Führungsoffiziere unterstanden nämlich trotz ihres politischen Charakters der Wehrmacht und nicht der Partei.

Derjenige, der in zunehmendem Maße das mangelnde Vertrauen Hitlers zu spüren bekam, war Göring.

Wir sind wieder einmal beim Lagevortrag im großen Arbeitszimmer in der Reichskanzlei versammelt. Heer und Marine haben bereits vorgetragen. General Christian spricht gerade über die Luftlage, als Hitler ihn mitten im Satz unterbricht und sich nach der Zahl der fertiggestellten Maschinen des neuesten Jägertyps erkundigt. Es ist die gleiche Frage, die nun schon seit einigen Monaten in fast regelmäßigen Abständen immer wieder von ihm an Göring oder dessen Stab gestellt wird. Christian versucht auszuweichen, aber aus seinen Ausflüchten geht nur zu deutlich hervor, daß sich noch keine einzige der neuen Maschinen in der Luft befindet. Hitler schweigt einen Augenblick. Seine Fäuste ballen sich krampfhaft, sein blasses Gesicht bekommt rote Flecken, er beißt sich auf die Unterlippe. Dann blickt er wutentbrannt zu Göring hin: »Göring, Ihre Luftwaffe ist es nicht mehr wert, ein selbständiger Truppenteil in der Wehrmacht zu sein.« Schneidende, beleidigende Worte folgen. Hitler droht Göring an, seine ganze Luftwaffe aufzulösen und in die Verbände des Heeres einzugliedern. In seiner keine Grenzen kennenden Unbeherrschtheit geht er sogar so weit, daß er, in unser aller Gegenwart, Göring dessen Degradierung zum einfachen Soldaten und seine Verwendung bei der Infanterie an der Front androht. Er behandelt den Reichsmarschall wie einen Schuljungen. Als Hitler sich endlich wieder beruhigt hat, zieht sich Göring in das Vorzimmer zurück und stürzt einige Kognaks hinunter. Wie so oft, wenn Hitler schlechter Laune ist, verschwindet einer nach dem anderen aus dem Vortragsraum ins Vorzimmer, um nicht als nächster den Zorn des Gewaltigen auf sich zu ziehen. Kommt es dann zu Rückfragen, dann müssen die Adjutanten oder Ordonnanzoffiziere ihre geflohenen Chefs zurückholen.

Göring tritt seit einigen Wochen in einer Luftwaffenuniform ohne Auszeichnungen auf. Unter den gegebenen Umständen scheint er es für zweckmäßiger zu halten, seine lichtblaue Wildlederuniform mit roten Stulpenstiefeln aus Juchtenleder, goldenen Sporen und einer undefinierbaren Kopfbedeckung samt anderen farbenfreudigen Requisiten gegen ein schlichteres Gewand einzutauschen. Sein Interesse an militärischen Dingen scheint überdies immer mehr zu erlahmen. Früher hatte er sich während der Lagebesprechungen mit seiner ganzen Körperfülle auf den Schreibtisch und über die Karte gelegt, so daß die Umstehenden überhaupt nichts mehr sehen konnten. Mitten im Vortrag Guderians oder Jodls war er dann mit seinen fleischigen, von Ringen strotzenden Fingern auf der Karte herumgefahren und hatte versucht, seinen Ansichten Nachdruck zu verleihen, auch wenn sie keinerlei militärische Sachkenntnis zeigten. Den Höhepunkt von Görings schlechtem Benehmen erlebte ich einmal bei einer nächtlichen Besprechung im Führerbunker. Wir standen um den Kartentisch im kleinen Konferenzzimmer, nur Göring saß Hitler gegenüber. Der Tisch war mit großen Generalstabskarten bedeckt. Göring zeigte ostentativ seine Langeweile, außerdem schien er müde zu sein, denn er gähnte ununterbrochen. Schließlich wurde ihm die ganze Sache zu dumm, er nahm seine grüne, saffianlederne Aktentasche, stützte die Ellbogen auf den Tisch und vergrub seinen dicken Kopf im weichen Leder der Aktentasche. Hitler schien ihn gar nicht zu beachten. Göring mochte wohl schon angefangen haben zu schlafen, als Hitler ihn ruhig, ja fast leise bat, seine Ellbogen wegzunehmen, weil die oberste Karte weggezogen werden mußte.

In den letzten Wochen verlor Hitler neben seiner Widerstandsfähigkeit viel von seiner einstigen Entschlußkraft und geistigen Spannkraft. Dies mochte daher rühren, daß auch er der furchtbaren »Belastung« nicht mehr gewachsen war, es mochte aber auch seine Gründe in dem andauernden Genuß starker Drogen haben. Es war jedenfalls offensichtlich, daß nicht nur sein Körper, sondern auch sein Geist immer mehr Spuren einer starken Zerrüttung zeigte. Das Wackeln seines Kopfes und das Zittern seiner linken Körperhälfte, das sich besonders an Arm und Hand zeigte, nahmen zu. Seine Bewegungen waren noch schleppender geworden, seine Haltung noch gebückter. Er pflegte beim Gehen die rechte Hand auf die linke zu legen und beim Sitzen das rechte Bein über das linke zu schlagen, um das Zittern seiner Gliedmaßen vor Uneingeweihten zu verbergen. Er wurde während der letzten Monate in zunehmendem Maße schwankend und unschlüssig. Anfang März beispielsweise sollten 22 Jagdpanzer auf dem schnellsten Wege zur Unterstützung der kämpfenden Truppen ins Rheinland geschickt werden. Infolge der absoluten alliierten Luftüberlegenheit und des schwer zerstörten Eisenbahnnetzes war ein solches Unternehmen schon nicht mehr eine Frage von Stunden, sondern von Tagen. Zuerst gab Hitler den Befehl, die Panzer in den Raum von Pirmasens zu schicken, dann, als sich die Lage an der Mosel zunehmend verschlechterte, änderte er den Befehl um »in die Gegend von Trier«. Als sie dort nicht rechtzeitig eintrafen, wurden sie in Richtung Koblenz umdirigiert. Hitler befahl dann noch mehrere Umleitungen, bis am Ende kein Mensch mehr wußte, wo die Panzer sich eigentlich befanden. Das Resultat war, daß sie die Front nie erreichten, sondern fabrikneu in die Hände der Amerikaner fielen.

Als die Russen bereits diesseits der Oder, also in bedrohlicher Nähe Berlins, standen, befahl Hitler, Vorbereitungen für die Verlegung des gesamten Hauptquartiers nach Mitteldeutschland zu treffen. Teile der Regierung und die militärische Führung sollten in der Nähe des Truppenübungsplatzes Ohrdruf in Thüringen untergebracht werden. Aber die westlich von Darmstadt über den Rhein gegangenen amerikanischen Truppen erreichten mit ihren motorisierten Spitzen diesen Raum – »Hauptquartier Olga« – wesentlich früher als die deutschen Führungsstellen. Vorkommandos und Nachrichtenleute mußten überstürzt ihre Arbeiten abbrechen und nach »Serail« verlegen, so hieß der von Hitler inzwischen als Sitz des Hauptquartiers bestimmte Raum von Berchtesgaden. Alles überflüssige Material, Akten und entbehrliches Personal wurden dorthin abgeschoben, in der Hoffnung, es einmal wiederzufinden. Als die Russen aus Ungarn heraus immer tiefer in Österreich und Böhmen einbrachen, als Wien gefallen war und am Zusammenbruch der Front an der Oder vor Berlin keinerlei Zweifel mehr bestand, ließ Hitler den Plan »Serail« auch wieder fallen und faßte Schleswig-Holstein ins Auge. Schließlich blieb Hitler mit einem kleinen Führungsstab völlig unvorbereitet, vor allem was die Nachrichtenverbindung und sonstige Führungsmittel betraf, in Berlin sitzen.

Als die Amerikaner mit ihren Panzerspitzen westlich von Magdeburg und im Raum westlich von Dessau-Aken standen, wurde bei der Lagebesprechung die Frage erörtert, ob die Brücken über die Elbe, vor allem aber die wertvolle und strategisch wichtige Autobahnbrücke, gesprengt werden sollten. Hitler schwankte. Dreimal mußte ich seinen diesbezüglichen Befehl an die zuständige Festungsabteilung im

11. Was den deutschen Verbänden an Stärke fehlt, soll durch Propaganda wettgemacht werden.

13. Im letzten Kriegsjahr mußte die Ausrüstung des Volkssturms teilweise durch Spenden beschafft werden.

12. In Zwölferreihen marschieren Berliner Volkssturmmänner nach ihrer Vereidigung an ihrem Gauleiter vorbei.

14. Veteranen des Ostkrieges bilden junge Volkssturmmänner am MG 34 aus.

15. In einer bombastischen Feierstunde wird der Berliner Volkssturm durch den Gauleiter Dr. Josef Göbbels auf die alte Fahne des SA-Sturms *Horst Wessel* vereidigt.

16. In der Schlußphase ihrer Herrschaft findet die Partei in ihrer Propaganda zur antikapitalistischen Grundhaltung zurück.

OKH durchgeben, und zweimal mußte ich ihn widerrufen. Jedesmal war ein ganzer Befehlsapparat, der erst an den Brücken endete, in Bewegung gesetzt worden. Schließlich wußte niemand mehr, was nun eigentlich befohlen war und was eigentlich unternommen werden sollte.

Der Zerstörungskampf ging weiter, Brücken wurden gesprengt, ein Dorf, eine Stadt nach der anderen wurden in Schutt und Asche gelegt. Was die Bomben übriggelassen hatten, sank im Granatfeuer in Trümmer: Unersetzliche Kulturwerte wurden vernichtet. Aber der Gedanke an ein Aufgeben des Kampfes schien Hitler immer noch nicht zu kommen. Wie Hitler darüber dachte, zeigen zwei Beispiele.

Als die Spitzen der amerikanischen Armee vor Münster in Westfalen standen, fuhr Kardinal Graf Galen den Amerikanern entgegen, um die Stadt zu übergeben. Er wollte Menschenleben retten und die letzten noch erhaltenen Kulturdenkmäler der Stadt vor der sicheren Vernichtung schützen. So besagte es eine Meldung, die Hitler von dem Pressereferenten Heinz Lorenz übermittelt wurde. Der Kardinal war ein kompromißloser Gegner des Nationalsozialismus, hatte nie mit scharfer, offener Kritik an den Auswüchsen des Nazi-Regimes zurückgehalten und sich durch keinerlei Drohungen in seinem Kampf um Recht und Wahrheit beirren lassen.

Hitler begrüßte gerade im Vorzimmer zum Lageraum des Führerbunkers die anwesenden Herren, als ihm die Meldung von der Übergabe Münsters überbracht wurde. Ich stand nur wenige Schritte von ihm entfernt. Seine Gesichtszüge verwandelten sich in eine wutverzerrte Grimasse. Mit geballter Faust stieß er haßerfüllt hervor: »Wenn ich den Kerl noch einmal erwischen sollte, lasse ich ihn hängen.«

General der Waffen-SS Fegelein war der ständige Vertreter Himmlers bei Hitler. Fegelein trug gegenüber älteren, verdienten Offizieren der Wehrmacht und Beamten der Regierung stets ein überhebliches und ungezogenes Betragen zur Schau, das nur als unverschämt bezeichnet werden kann. Obwohl er nur etwa 35 Jahre alt war, fiel er, ohne Rücksicht auf Rang und Alter, jedem ins Wort, auch wenn das, was er vorzubringen oder zu kritisieren wußte, reiner Unsinn war. Als Guderian im März 1945, um nur ein Beispiel zu nennen, bei einer Lagebesprechung die Lage in Pommern vortrug, unterbrach ihn Fegelein, bezeichnete Guderians Angaben als erlogen und fuchtelte mit einem Zettel herum, auf dem einige Zahlen zu lesen waren. Nachher stellte sich heraus, daß diese Zahlen alle falsch waren.

Als die wirtschaftliche und militärische Lage Anfang 1945 immer schneller dem völligen Zusammenbruch entgegentrieb, versuchte Guderian, sich auch politisch einzuschalten. Am Abend des 23. Januar erschien der Gesandte Dr. P. Barandon in seiner Eigenschaft als neuer Verbindungsmann zwischen dem Reichsaußenministerium und dem Generalstabschef das erste Mal zur Vorstellung bei Guderian. Barandon erhielt von diesem bei seinem Antrittsbesuch eine derart aufschlußreiche und ungeschminkte Darstellung von den Ursachen und über die Tragweite des Zusammenbruchs der deutschen Front im Osten seit dem 12. Januar 1945, daß für Barandon eine Parallele zu der derzeitigen militärischen Lage wohl nur in den Ereignissen, die sich im Oktober 1918 an der Front abspielten, zu finden war. Guderians Ausführungen gipfelten in der Forderung an das Auswärtige Amt nach sofortigen Waffenstillstandsverhandlungen mit unseren Gegnern im Westen.

Noch in der gleichen Nacht begab sich Barandon mit dem für ihn so erdrückenden Ergebnis dieser Unterredung ins Reichsaußenministerium. Diese nächtliche Unterhandlung Barandons verlief jedoch völlig einseitig und ohne jegliches Ergebnis. Man war im Auswärtigen Amt nicht bereit, Hitler die Frage, Waffenstillstand oder sogar bedingungslose Kapitulation gegenüber den Westmächten, zur Entscheidung vorzulegen. Zwei Tage später wiederholte Guderian seine Forderung nach sofortigen Waffenstillstandsverhandlungen im Westen an das Auswärtige Amt auf das dringlichste, jedoch diesmal ohne Vermittler. Diese Verhandlungen fanden am 25. Januar statt. Es erfolgte wiederum nichts.

Von diesen Verhandlungen Guderians mit dem Auswärtigen Amt, die sich mit der zwingenden Notwendigkeit eines schnellen Waffenstillstandes im Westen befaßten, erfuhr Hitler noch am selben Tage durch eine Vortragsnotiz des Botschafters Walter Hewel, des ständigen Vertreters des Auswärtigen Amtes beim Führerhauptquartier. Bei der am gleichen Tage abgehaltenen Abendlage wies Hitler in scharfer Form auf seinen »Grundlegenden Befehl Nr. 1« hin, den er 1939, am Anfang des Krieges, erlassen hatte. In diesem Befehl hieß es, daß niemand berechtigt sei, anderen Ressorts Mitteilungen aus dem eigenen Dienstbereich zu machen. Hitler bekräftigte seine Ausführungen mit den Worten: »Wenn also der Chef des Generalstabes das Auswärtige Amt über die militärische Lage im Osten informiert, mit der Absicht, dessen Eingreifen zugunsten eines Waffenstillstandes zu erwirken, dann begeht er damit Landesverrat.«

Später versuchte sich Guderian noch mehrmals, mit dem Ziel eines sofortigen Waffenstillstandes im Westen, politisch einzuschalten. Mitte März 1945 erfuhr er über den neutralen Rundfunk von gewissen Friedenssondierungen eines Dr. Hesse in Stockholm. Wiederum spielte der Gesandte Dr. Barandon die Mittlerrolle zwischen Guderian und dem Auswärtigen Amt. Aber auch diese Unterredung in der Wilhelmstraße, zu der ich den Generaloberst begleitete, verlief ohne positives Ergebnis.

Guderian und Barandon sahen ein, daß Versuche mit dem Ziel, zu einem Waffenstillstand über das Auswärtige Amt zu kommen, sinnlos seien. Es war in Kriegszeiten wohl auch nicht der richtige Weg. Hinzu kam, daß die Diplomaten im Verlaufe des Krieges in zunehmendem Maße Einfluß auf und politischen Kredit bei Hitler verloren hatten. Diese Entwicklung fand in ihrer letzten Konsequenz ihren Niederschlag im politischen Testament Hitlers.

So entschloß sich Guderian, weitere Versuche in der gleichen Richtung über Himmler und Göring zu unternehmen. Am Tage nach der zweiten Unterredung im Auswärtigen Amt begab sich Guderian nach Prenzlau ins Hauptquartier der Heeresgruppe Weichsel zu Himmler, um diesen von der Notwendigkeit seines Rücktritts vom Posten des Befehlshabers der Heeresgruppe Weichsel zu überzeugen. Himmler trat zurück, und zwar ohne Schwierigkeiten zu machen. Er war über diese Entscheidung auch wohl ganz froh. Seine Bereitwilligkeit mochte einmal ihren Grund in einer gewissen Selbsterkenntnis haben, zum anderen aber auch in der Tatsache, daß er durch seinen Rücktritt seine alte Bewegungsfreiheit wiedererlangte. – Sein Nachfolger wurde Generaloberst Heinrici, der bis zu diesem Zeitpunkt eine Armeegruppe in der Slowakei geführt hatte. – Bei dieser Begegnung in Prenzlau deutete Guderian Himmler gleichzeitig die Notwendigkeit von sofortigen Waffenstillstandsverhandlungen an. Kurze Zeit darauf, am 21. März, begegneten sich beide in der Reichskanzlei, und Guderian legte Himmler nun ausführlich und in zwingender Form die Notwendigkeit zu Verhandlungen für einen sofortigen Waffenstillstand im Westen dar – so wie er es bereits vorher im Reichsaußenministerium getan hatte. Himmler zeigte sich aufgeschlossen und interessiert, versagte aber jegliche Unterstützung, da Hitler ihn erschießen lassen würde, wenn er mit derartigen Vorschlägen oder gar Forderungen an ihn herantreten würde.

Auch von dieser Unterredung Guderians erfuhr Hitler noch am gleichen Tage. Am Abend dieses 21. März legte er Guderian bei der Lagebesprechung dann auch in nicht mißzuverstehender Form nahe, sich seines »Herzleidens« wegen sofort zur Kur zu begeben. Diesem »Wunsche« Hitlers kam Guderian jedoch nicht sogleich nach, weil der für seine Nachfolge bestimmte General Krebs wegen einer Kopfverletzung noch nicht wieder voll einsatzfähig war.

Guderian und Barandon beschlossen nun überstürzt und unter erheblichem Zeitdruck, an Göring in dieser Sache heranzutreten. Himmler, der eingeweiht wurde, erbot sich, selbst mit Göring zu sprechen. In Karinhall hatten beide dann über dieses Thema eine etwa vierstündige Unterredung. – Auch Göring war von der Notwendigkeit sofortiger Waffenstillstandsverhandlungen überzeugt, er weigerte sich aber ebenfalls, in dieser Angelegenheit an Hitler heranzutreten. Göring wollte Hitler nicht die Treue brechen, außerdem war er fest davon überzeugt, daß Hitler ihn hinauswerfen oder gar einsperren lassen würde. Damit waren Guderians Bemühungen um eine schnelle Beendigung des Krieges, zumindest gegenüber den Westalliierten, trotz rücksichtslosem Einsatz seiner Person gescheitert. Zur gleichen Zeit sollte auch sein Einsatz auf militärischem Gebiet seinem Ende zugehen.

Beiderseits Küstrin vorbeistoßend, hatten die Russen auf dem Westufer der Oder, westlich Küstrins, im Zuge ihrer Winteroffensive einen kleinen Brückenkopf gebildet. Sie erweiterten diesen Brückenkopf, der die schwerste Bedrohung Berlins darstellte, während des Februar und März laufend durch kleinere Unternehmungen. Am 10. März ging Kietz, ein Vorort Küstrins, verloren. Am 13. März wurde Küstrin, das schon vorher von Hitler zur »Festung« erklärt worden war, von den Russen eingeschlossen. SS-Gruppenführer Reinefarth wurde von Hitler zum Festungskommandanten von Küstrin bestimmt. Auf Drängen des Hauptquartiers unternahm die 9. Armee unter General Busse am 23. und 24. März den ersten Versuch, diesen Brückenkopf einzudrücken oder aber zumindest wieder eine Verbindung nach Küstrin herzustellen. Dem General Busse hatten für dieses Unternehmen die 20. und 25. Panzergrenadierdivision zur Verfügung gestanden. Da die Sowjets im Küstriner Brükkenkopf begreiflicherweise enorme Truppen- und vor allem Artilleriemassierungen vorgenommen hatten und unsere Kräfte mit zwei Divisionen viel zu schwach waren, wurde nichts erreicht. Die eigenen Verluste waren, besonders durch die feindliche Artillerie, sehr hoch.

Jetzt schaltete sich Guderian ein und führte der 9. Armee für eine Wiederholung des Angriffes zwei weitere Divisionen zu. Am 27. März erzielte der Angriff gegen den Küstriner Brückenkopf, vorgetragen durch die 20. und 25. Panzergrenadierdivision, die »Führer-Begleit-Division« und die Division »Müncheberg«, durch Überraschung einen Anfangserfolg von etwa drei Kilometer Tiefe. Dann blieb der Angriff unter hohen eigenen Verlusten liegen. Weder der Brückenkopf hatte beseitigt werden können, noch war es gelungen, nach Küstrin wieder eine Verbindung herzustellen. Um die Mittagszeit am 27. März meldete der Oberbefehlshaber der Heeresgruppe Weichsel, Generaloberst Heinrici, dem Chef des Generalstabes, Generaloberst Guderian, den Mißerfolg des Angriffes auf Küstrin. Ich erinnere mich noch genau, wie niedergeschlagen Guderian war, als er diese Meldung erhielt. Er hatte fest wenigstens an einen Teilerfolg geglaubt. Die Truppe hatte gut gekämpft, aber die Übermacht der Russen war zu gewaltig gewesen. – So meldete Guderian Hitler diesen Mißerfolg noch am gleichen Nachmittag bei der Lagebesprechung in der Reichskanzlei. Hitler verlor daraufhin jegliche Beherrschung und verstieg sich zu wüsten Beschimpfungen gegen General Busse, den Führer der 9. Armee, in dessen Bereich ja der Küstriner Brückenkopf lag. Hitlers Verhalten war völlig unwürdig, seine Vorwürfe gegen Busse und die Truppe haltlos und bar jeglichen Wirklichkeitssinns. Am Schluß dieser stürmischen Unterredung forderte Hitler Guderian auf, sich am 28. März zusammen mit General Busse um 14 Uhr bei ihm zum Vortrag zu melden. Noch am selben Tage, also spät am 27. März, stellte Guderian Hitler einen Brief zu, in dem er über die Vorbereitungen und das Unternehmen bei Küstrin eingehend berichtete. In klarer und sachlicher Form berichtete er in diesem Schreiben über das Kräfteverhältnis der deutschen Angriffsverbände zu den sowjetischen Verteidigungskräften und über die katastrophale Höhe der eigenen Verluste. Im Schlußsatz seines Schreibens wies er die schweren Vorwürfe Hitlers vom Nachmittag gegen General Busse in ungewöhnlich scharfer Form zurück.

Am 28. März waren Guderian und Busse zu der von Hitler bestimmten Zeit in der Reichskanzlei. Nach einer unpersönlichen und frostigen Begrüßung mußte Busse sofort mit seinem Lagebericht über das Angriffsunternehmen bei

Küstrin beginnen. Busse war mit seinen Ausführungen gar nicht über die einleitenden Sätze hinausgekommen, als ihn Hitler auch schon mit einem Schwall völlig unsachlicher Beschimpfungen überschüttete. Seine zornigen Vorwürfe trafen nicht nur Busse, sondern auch die Angriffstruppen. – Da zerriß Guderians machtvolle und laute Stimme Hitlers Wortschwall und schnitt ihm das Wort ab. Trotz seiner Erregung schleuderte er Hitler Wort für Wort seiner schriftlichen Darlegungen vom Vorabend klar und unmißverständlich entgegen. Er wies sämtliche Vorwürfe Hitlers gegen Planung, Führung und Truppe zurück. Hitler war nicht mehr zu Wort gekommen. Noch tiefer in sich zusammengesunken saß er da, alle Farbe war aus seinem Gesicht gewichen.

Plötzlich erhob sich Hitler mit einer Behendigkeit aus seinem Sessel, wie keiner der Umstehenden es mehr für möglich gehalten hatte. Sein Gesicht zeigte große rote Flecken. Sein linker Arm, seine ganze linke Körperhälfte zitterten stärker als sonst, und es schien, als wolle er sich auf Guderian stürzen und handgreiflich werden. Der stand versteinert wie die Umstehenden. Für Sekunden war es so still, daß man das aufgeregte Atmen der beiden deutlich hören konnte. Dann sprudelte es aus Hitler hervor. Die Worte der Anklage und des Hasses überschlugen sich. Von Küstrin und den Kampfhandlungen an der Oder war nicht mehr die Rede. Der Redeschwall ergoß sich nun nicht nur über Guderian, sondern über den ganzen Generalstab, über das ganze Offizierskorps. Alles, was es an Mißerfolgen in den letzten Monaten gegeben hatte, schob Hitler ihnen in die Schuhe. Hier klaffte noch einmal in nicht mehr zu überbietender Form die Kluft zwischen Hitler und dem Generalstab, zwischen altem Offizierskorps und Partei. Es waren zwei Welten, die sich hier gegenüberstanden! Auch Guderian wurde immer heftiger. Seine alten Forderungen und Vorwürfe gegen Hitlers militärische Führung: der verspätete Abbruch der Ardennenoffensive, die Aufgabe der Kurlandfront und Rückführung der 23 Divisionen, die rücksichtslose Schwächung der Westfront zugunsten der Ostfront, die Truppenkonzentrationen für die Plattenseeoffensive und Hitlers bedenkenlose Preisgabe der ostdeutschen Bevölkerung.

Da endlich erwachten die Umstehenden aus ihrer Erstarrung, in die sie dieses einmalige, gespenstisch anmutende Schauspiel versetzt hatte. Der Major i. G. von Freytag-Loringhoven, Adjutant des Generaloberst Guderian, befürchtete die unmittelbare Verhaftung Guderians. Er eilte ans Telefon im Vorzimmer, rief General Krebs an und beschwor ihn – nachdem er ihm die Situation in der Reichskanzlei und seine Befürchtungen geschildert hatte –, Guderian mit irgendwelchen wichtigen Frontmeldungen in ein Telefongespräch zu verwickeln.

General Thomale und einer der umstehenden Wehrmachtsoffiziere hatten inzwischen versucht, Guderian von Hitler zu trennen, während einer der Adjutanten Hitlers diesen behutsam förmlich in seinen Sessel zurückdrückte. Guderian ging ins Vorzimmer und sprach mit Krebs. Als er ins Arbeitszimmer zurückkam, war die Szene ohne jeglichen Übergang von Selbstbeherrschung bestimmt. Hitler stellte noch einige belanglose Fragen an General Busse und beendete das Thema Küstriner Brückenkopf. Dann folgte die Lagebesprechung. Die Atmosphäre im Raum war drükkend und bis an die Grenze des Erträglichen geladen. Die einzelnen Vorträge waren kürzer und geraffter. Fragen wurden kaum gestellt. Jeder hoffte, so schnell wie möglich die Kanzlei verlassen zu können.

Am Ende der Besprechung bat Hitler Keitel und Guderian, zurückzubleiben. Guderian wurde seines Postens enthoben und beurlaubt. Zwei Tage später, am 30. März, verließ Guderian endgültig, nachdem er seinen Nachfolger, den General Krebs, eingewiesen hatte, das deutsche Hauptquartier in Zossen.

Aus der Zeit, als ich noch Guderian zu den Lagebesprechungen in die Reichskanzlei begleitete, ist mir die nachstehende Episode besonders lebendig in der Erinnerung haftengeblieben.

Wir schrieben den 12. März 1945. Die Lagebesprechung in der Reichskanzlei, zu der ich den Generaloberst begleitete, begann wie üblich um 16 Uhr. Nach Beendigung der Ost- und Westlage sowie der Lagevorträge seitens der Luftwaffe und der Marine verließen sämtliche Teilnehmer der Besprechung das Arbeitszimmer, außer Guderian und Bormann, die Hitler zum Bleiben aufforderte. Guderian hielt mich ebenfalls mit den Unterlagen über die Ostfront zurück. Zu einer an die Lagebesprechung anschließenden Einweisung wurde der General der Panzertruppen Dietrich von Saucken von Hitler erwartet. Saucken wurde am 19. März von Hitler mit der Führung der 2. Armeegruppe beauftragt, die im Raume Danzig–Gdingen–Danziger Werder, allein auf sich gestellt, lediglich mit einer hauchdünnen Verbindung über die Nehrung zu den Resten der 4. Armee, abgeschnitten vom übrigen Reichsgebiet, kämpfte.

1939 war Saucken von Ostpreußen aus als Kavallerist in den Krieg gegen Polen gezogen. Später hatte er dann, im Zuge des weiteren Ausbaues der Panzerwaffe, das Pferd gegen den Panzer eintauschen müssen und war mit seinen ehemaligen Reitern Führer einer der besten Panzerverbände des Heeres geworden. Besonders hervorgetreten war von Saucken erst wieder Ende Januar – Anfang Februar 1945, als er sich mit seinem Panzerkorps von der zusammengebrochenen Weichselfront im Bereich des Baranowbrückenkopfes, im Rücken der siegreichen russischen Angriffsverbände, erfolgreich bis an die Oder bei Steinau zurückkämpfte. In den ersten Februartagen setzte Saucken mit seinem Korps über die Oder und ging ab 4. Februar zur Verteidigung über. Saucken war Träger der Schwerter zum Eichenlaub des Ritterkreuzes.

Günsche, Hitlers persönlicher Adjutant, trat ein und meldete Hitler den General der Panzertruppe von Saucken. Wir standen neben dem am Kartentisch sitzenden Hitler, als Saucken eintrat. Schlank, elegant, die linke Hand ungezwungen an seinem Kavalleristensäbel, das Einglas im Auge, grüßte Saucken mit einer leichten Verbeugung. Das waren drei »Ungeheuerlichkeiten« auf einmal. Saucken hatte nicht mit erhobenem Arm und »Heil Hitler«, wie es seit dem 20. Juli 1944 Vorschrift war, gegrüßt, er hatte sich nicht seine Waffe bei Betreten des Arbeitszimmers abnehmen lassen, und er hatte bei der Begrüßung das Einglas im Auge behalten. Ich blickte abwechselnd Hitler und von Saucken an und glaubte, etwas Schreckliches müsse passieren. Auch Guderian und Bormann standen wie versteinert da. Aber es passierte nichts, gar nichts! Hitler forderte Guderian nur ganz kurz auf, Saucken in die militärische Lage in Ostpreußen und im Danziger Raum, wo Saucken die 2. Armeegruppe übernehmen sollte, einzuführen. Als Guderian geendet hatte, ergriff Hitler das Wort. In etwas weitschweifender Form knüpfte Hitler an die Ausführungen Guderians an und legte Saucken seine Gedanken und Weisungen für einen Kampf dar, den dieser mit der 2. Armeegruppe führen sollte.

Von Saucken hatte die bisherigen Ausführungen Guderians und Hitlers schweigend angehört, ohne Fragen zu stellen. Er stand unmittelbar neben Hitler am Kartentisch. Nach einer kurzen Pause, gleichsam nur um tief Luft zu holen, fuhr Hitler fort. Er bedeutete dem General von Saucken, daß er sich im Kampfraum in und um Danzig dem Gauleiter Forster zu unterstellen habe und ihm, von Saucken, nur die rein militärischen Dinge oblägen. Die letztliche Verantwortung und Befehlsgewalt aber für diesen ganzen Raum sollte der Gauleiter Albert Forster übernehmen. Hitler hielt inne und blickte von Saucken von unten herauf auffordernd an. Dieser straffte sich, erwiderte den Blick Hitlers, das Monokel im Auge, und antwortete, indem er gleichzeitig, wohl um seinen Worten Nachdruck zu verleihen, mit der flachen Hand auf die Marmorplatte des Kartentisches schlug: »Ich denke nicht daran, Herr Hitler, mich unter den Befehl eines Gauleiters zu stellen!« – Man hätte eine Stecknadel auf den Teppich fallen hören können. Mir schien, Hitler wäre bei den Worten des Generals von Saucken noch tiefer in sich zusammengesunken. Sein Gesicht wirkte noch wächserner.

Guderian war der erste, der die bleierne Stille unterbrach und von Saucken in mahnendem, kameradschaftlichem Ton aufforderte, vernünftig zu sein. Selbst Bormann schloß sich an. Aber der General von Saucken hatte dagegen nur ein »Ich denke nicht daran«. Guderian und Bormann schwiegen ratlos. Die Stille, die jetzt folgte, wollte nicht enden. Dann antwortete Hitler mit kraftloser, tonloser Stimme: »Also gut, dann führen Sie eben allein, Saucken.« Es folgten noch einige belanglose Dinge. Hitler verabschiedete den General, ohne ihm die Hand zu geben, und Saucken verließ mit einer angedeuteten, grüßenden Verbeugung das Arbeitszimmer.

Unmittelbar nachdem Guderian von Hitler aufgefordert worden war, seinen Posten und das Hauptquartier zu verlassen, bat Guderians Adjutant, der Major i. G. von Freytag-Loringhoven, um seine sofortige Versetzung und Verwendung bei einer Frontdivision. Beide hatten lange Zeit hindurch gut zusammengearbeitet. Mit sehr viel Geschick gelang es Guderians Nachfolger, dem General Krebs, dann aber doch noch, von Freytag-Loringhoven dazu zu bewegen, auf seinem Posten als Adjutant Chef Generalstab auszuharren. Er blieb, aber sehr widerstrebend.

Ich selber wurde von General Krebs als O I beim Chef Generalstab übernommen und mußte ihn nun sehr häufig zu den Lagebesprechungen in der Reichskanzlei begleiten.

Hans Krebs war zu Beginn des Krieges – bis April 1941 – als Oberst Gehilfe und später Vertreter des deutschen Militärattachés in Moskau, General Koestring, gewesen. Als Stellvertreter Koestrings war es zwischen ihm und dem Generalissimus Stalin auf einem Moskauer Bahnhof zu einer denkwürdig herzlichen Freundschaftsbeteuerung mit »Bruderkuß« gekommen, die in die Geschichte einging. Später war Krebs Chef des Stabes der Heeresgruppe Mitte unter Generalfeldmarschall Busch und auch noch unter dessen Nachfolger, dem Generalfeldmarschall Model. Als dieser dann im September die Führung der Heeresgruppe B im Westen übernahm, folgte ihm Krebs als Chef des Stabes.

Im März 1945 wurde General Krebs Nachfolger des Generals Wenck als Chef der Operationsabteilung im OKH. Nach Guderians Entlassung am 28. März 1945 wurde Krebs mit der Führung der Geschäfte des Chefs des deutschen Generalstabes beauftragt. Diese Funktion übte Krebs offiziell bis zum 25. April 1945 aus, bis zu dem Zeitpunkt, als das Oberkommando des Heeres von Hitler aufgelöst und mit dem Wehrmachtführungsstab unter Generaloberst Jodl verschmolzen wurde. Zu diesem Zeitpunkt befand sich Krebs bereits im Bunker der Reichskanzlei in der unmittelbaren Umgebung Hitlers, von wo aus er sowieso irgendeine übergeordnete Führungstätigkeit nicht mehr ausüben konnte.

Zwei Tage nach Guderians Entlassung, am 30. März, begleitete ich General Krebs zur Lagebesprechung in die Reichskanzlei. Hauptgegenstand der Ostlage, die Krebs vortrug, war der Ausbruch von rund 1000 Mann aus der »Festung« Küstrin unter der Führung des SS-Gruppenführers Reinefarth, ohne daß Hitler hierzu seine Genehmigung gegeben hatte. Hitler fügte sich fast widerspruchslos dieser Nachricht, was um so unverständlicher war – seine Launenhaftigkeit allerdings wieder einmal um so deutlicher unter Beweis stellte –, als es erst vor zwei Tagen zwischen ihm und Guderian zu jener denkwürdigen Auseinandersetzung gekommen war, bei der Küstrin doch eine nicht unmaßgebliche Rolle spielte.

An diesem Tage war der Generaloberst Heinrici, Oberbefehlshaber der Heeresgruppe Weichsel, derjenigen Heeresgruppe, die die 3. Panzerarmee und 9. Armee befehligte, also der Truppen, die zum Zeitpunkt des zu erwartenden russischen Angriffs die Front vor Berlin zu verteidigen hatten, zum Vortrag bei Hitler befohlen. Es war das erste Mal, daß der Generaloberst Hitler persönlich gegenübertrat. Er war in seinem Äußeren sehr unscheinbar und bescheiden, dafür im Verfechten seines Standpunktes aber um so fester und unnachgiebiger, ja fast hartnäckig. Bei seinem Vortrag über die gegenwärtige Situation seiner Heeresgruppe ging es Heinrici in erster Linie darum, Hitler zur Aufhebung des Festungsstatus der Stadt Frankfurt an der Oder zu bewegen. Heinrici wollte hierdurch das Freiwerden von zwei Divisionen erreichen, die er dringend für die Stützung der viel zu dünn besetzten Oderfront benötigte. Hitler hörte sich die fundierten Darlegungen Heinricis völlig ruhig an und bat Krebs um einige Unterlagen aus dem Raume Frankfurt an der Oder. Die von Hitler verlangten Dokumente hatte ich schnell aus der Fülle des von mir mitgeführten Materials herausgesucht und gab sie Hitler, die dieser dann schweigend studierte. (Obwohl Hitler eine Brille trug, mußten die für ihn bestimmten Schriftstücke mit einer eigens für ihn hergestellten Schreibmaschine mit übergroßen Schrifttypen geschrieben werden.)

Völlig unvermittelt stützte sich Hitler dann auf die Lehnen seines Sessels, erhob sich und begann mit hysterischer Lautstärke die Kernsätze seines bekannten Festungsbefehles zu zitieren, um dann auf die »Festung« Frankfurt an der Oder überzugehen. Er beschimpfte Heinrici, den Generalstab, die Generalität und die Offiziere en bloc, sie hätten seinen Festungsbefehl nie begriffen oder nicht begreifen wollen aus Gründen der Feigheit und mangelnder Standhaftigkeit. Ebenso unvermittelt wie dieser Sturm losgebrochen war, ebenso unvermittelt war wieder alles vorbei, und Hitler sank wieder völlig erschöpft in seinen Sessel. Ich sehe noch heute das völlig verdatterte, ja erschrockene Gesicht Heinricis. Fassungslos blickte er einen der Herumstehenden nach dem anderen fragend an. Aber aus dem von Hitler ausgesuchten, ihn ständig umgebenden militärischen Führungsgremium war keiner mehr bereit, Heinrici gegenüber Hitler Hilfestellung zu geben. Heinrici kämpfte zäh weiter um seinen Standpunkt, völlig auf sich allein gestellt. Im weiteren Verlauf der Besprechung ging es um die Besetzung des Festungskommandanten von Frankfurt. Hitler wollte einen »Gneisenau«, in Erinnerung an die Geschichte der Freiheitskriege. Heinrici wollte den Oberst Bieler, weil er ihn für einen tüchtigen, gewissenhaften und kampferfahrenen Offizier hielt. Als sich in den Tagen darauf ergab, daß Hitler den von Heinrici bestimmten Oberst Bieler als Festungskommandanten nicht wollte, und keiner der beiden militärischen Führungsstäbe Heinrici in seinem Bestreben unterstützte, stellte der Generaloberst seinen Posten zur Verfügung. Da gab Hitler nach und beugte sich, ohne daß neue Gesichtspunkte aufgetreten waren, völlig unmotiviert dem Standpunkt Heinricis.

## *Männer aus Hitlers Umgebung*

An dieser Stelle lohnt es sich, noch etwas näher auf einige der unbekannteren, aber nicht weniger verhängnisvollen Gestalten aus Hitlers Umgebung einzugehen. Über Himmler und Goebbels ist schon viel geschrieben worden, aber über den Reichsleiter Martin Bormann weiß man kaum mehr, als daß er einer der schärfsten antikirchlichen und antichristlichen Männer in der NSDAP war.

Martin Bormann arbeitete als landwirtschaftlicher Administrator in Mecklenburg, bevor er in die Parteiführung übernommen wurde. Nach der »Machtübernahme« war er bis 1939 bei Heß in der Zentralkartei tätig, später wurde er sein Stabsleiter und zu Beginn des Krieges Verbindungsmann der NSDAP von Heß bei Hitler. Von diesem Zeitpunkt an arbeitete er unermüdlich an der Stärkung seiner Machtposition. Als erstes nahm er sich vor, Heß' Einfluß auf Hitler so gründlich und rasch wie nur möglich auszuschalten. Er verstand es meisterhaft, Heß mehr und mehr von Hitler fernzuhalten und beide im Laufe der Zeit einander völlig zu entfremden. Zweifellos war Bormann ein hervorragender Menschenkenner. Er erkannte die Schwächen Hitlers sehr bald und wußte sie für seine Zwecke auszunützen. Er schlich sich mit persönlichen Handlangerdiensten in sein Vertrauen ein. Seine Taktik bestand darin, Äußerungen und Vermutungen Hitlers zu erhaschen und sie geschickt in gutausgearbeitete Befehle umzuarbeiten, die er Hitler, so schnell es ging, zur Unterschrift vorlegte. Diese Geschäftigkeit gefiel Hitler ungemein, denn sie schmeichelte seinem Selbstbewußtsein. So kam es, daß Bormann im April 1943 auch noch offiziell zum »Sekretär des Führers« ernannt wurde. Darüber hinaus versuchte Bormann, Hitlers Wahnvorstellung von seiner eigenen Unfehlbarkeit und der daraus folgernden Gottähnlichkeit mit großem Pathos zu bestärken. Als Heß am 10. Mai 1941 nach Schottland flog, hatte Bormann das Feld für sich allein. Von da an wurde er immer mehr der unmittelbare Vertraute und Berater Hitlers. Obwohl er als Reichsleiter nur der Parteikanzlei vorstand, schaltete er sich rücksichtslos auch in die übrigen drei ein: die Reichskanzlei, die Präsidialkanzlei und die Kanzlei des Führers der NSDAP. Alle Personen, die an Hitler heranwollten oder die irgend etwas vorzutragen hatten, kamen nur durch ihn zu Hitler. Das galt nicht nur für Parteiangelegenheiten, sondern auch für wichtige Staatsgeschäfte. Alles ging zuerst durch seine Hand, bevor Hitler es zu Gesicht bekam. In seinem Ehrgeiz schickte er alle in Verbannung, die sich ihm nicht unterordneten. Es ist nicht erwiesen, ob Bormann die Absicht hatte, eines Tages die ganze Macht in die Hände zu bekommen, aber es scheint nicht unmöglich, daß er sich mit solchen Ideen trug, denn sie wären die logische Folge seiner ehrgeizigen Machtentfaltung gewesen. Von seinen engsten Mitarbeitern wurde er gehaßt. Eine kleine Randbemerkung, die er einmal an das Aktenstück eines höheren SS-Führers schrieb, illustriert seine Haltung: »Ich pflege nicht mit Idioten zu verkehren.« Unter den Männern der Umgebung Hitlers hatte Bormann jahrelang keinen einzigen Freund. Er wurde von allen gefürchtet – und respektiert.

Der Gauleiter Koch, der ebenfalls viel bei Hitler ein und aus ging, hatte viel Ähnlichkeit mit Bormann. Er war schwerfälliger und ungeschlachter, und seine Gesichtszüge waren noch gröber und brutaler. An Ehrgeiz, Egoismus und Arroganz stand er Bormann jedoch nicht nach.

Nach der Eroberung Königsbergs im April 1945 führte die eingeschlossene 3. und 4. Armee in Ostpreußen einen aussichtslosen Verzweiflungskampf, während noch Hunderttausende ostpreußischer Flüchtlinge auf der schmalen Nehrung beiderseits Pillau und im Samland auf ihren Abtransport nach dem Westen warteten; damals erschien dieser »König des Reiches, in dem die Sonne nicht untergeht«,

17. »Das ist die Panzerfaust«: In Schnellkursen werden Berliner Volkssturmmänner im Gebrauch von Panzernahbekämpfungsmitteln ausgebildet.

Lesen und weitergeben!

# Der Panzerbär

29. April 1945

KAMPFBLATT FÜR DIE VERTEIDIGER GROSS-BERLINS

# Heroisches Ringen

## Bei Tag und Nacht neue Eingreifkräfte herangeführt

## Der Kampf um den Stadtkern entbrannt

### Entlastungsangriffe laufen

Aus dem Führerhauptquartier, 28. April.

Das Oberkommando der Wehrmacht gibt bekannt:

In dem heroischen Kampf der Stadt Berlin kommt noch einmal vor aller Welt der Schicksalskampf des deutschen Volkes gegen den Bolschewismus zum Ausdruck.

Während in einem in der Geschichte einmaligen grandiosen Ringen die Hauptstadt verteidigt wird, haben unsere Truppen an der Elbe den Amerikanern den Rücken gekehrt, um von außen her im Angriff die Verteidiger von Berlin zu entlasten.

In dem inneren Verteidigungsring ist der Feind von Norden her in Charlottenburg und von Süden her über das Tempelhofer Feld eingedrungen. Am Halleschen Tor und am Alexanderplatz hat der

## Der längere Atem

Seit fünfeinhalb Jahren lodert die Fackel des Krieges in Europa. Ihr verzehrendes Feuer hat nach Polen ganz Europa, nach diesem Erdteil schließlich noch zwei weitere erfaßt, Asien und Amerika.

Deutschland mußte einerseits die Ketten abzustreifen versuchen, die ihm in Versailles auferlegt waren und ihm jede Lebensmöglichkeit nahmen. Es hat dies seit 1933 in dem denkbar engsten Rahmen getan und peinlichst vermieden, dabei den Kreis der unmittelbar betroffenen Gebiete, d. h. die deutsche Lebens- und Interessenzone zu überschreiten.

sie für ihre eigenen imperialistischen Ziele auszubeuten.

Mehr noch! Während die von Deutschland besetzten Feindländer durchaus auskömmlich leben konnten, zum Teil sogar einen fühlbaren wirtschaftlichen und sozialen Aufschwung nahmen, ächzen die „befreiten" Bundesgenossen unter der Hungersnot, Desorganisation und Ausbeutung durch die Engländer und Amerikaner. Besonders groß aber sind die Leiden der Neutralen und jener Völker, die sich den jüdisch-plutokratischen und bolschewistischen Drahtziehern auf Gedeih und Verderb unterwarfen.

18.–21. Der *Panzerbär* ist die Frontzeitung der zusammengewürfelten Einheiten, die Berlin verteidigen müssen *(links oben)*. In aller Eile werden alte Männer *(oben)* und Frauen *(rechts)* an der Panzerfaust ausgebildet.

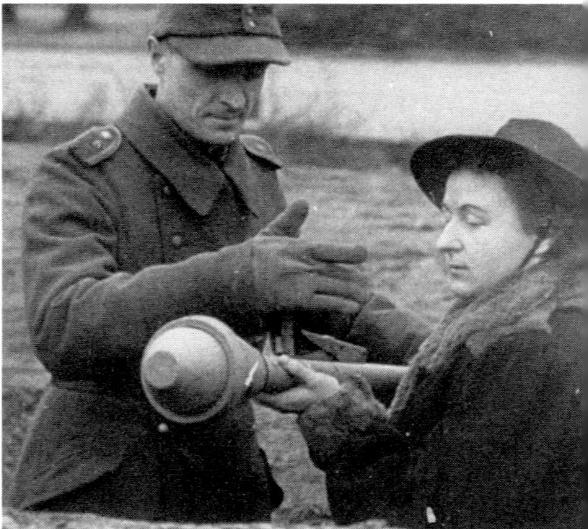

22.23. Aus so unzureichenden Befestigungen wie diesem Panzergraben *(oben)* bestand die *Ostpreußenschutzstellung,* die in der Propaganda zum unüberwindlichen Hindernis hochstilisiert wurde. Tausende von Hitlerjungen und wehruntauglichen Männern *(unten)* stellten sie in Handarbeit fertig.

wie er sich selbst zu nennen pflegte, da sein Verwaltungsbezirk von der Ostsee bis ans Schwarze Meer reichte, in der Reichskanzlei, als ob nichts geschehen wäre, und Hitler ließ ihn nicht aufhängen wie Tausende von Soldaten und Offizieren, die aus irgendeinem Kessel ihr nacktes Leben zu retten versuchten. Er hatte lediglich seine Parteiuniform mit einer Windjacke vertauscht, wohl weil er befürchten mußte, daß die Berliner Bevölkerung ihn, hätte sie ihn erkannt, sofort totgeschlagen hätte. Bezeichnend für seinen Charakter ist folgende Geschichte: Während des Krieges, anläßlich einer Einladung in Görings prunkvolle Residenz Karinhall, hatte Koch vor Göring damit geprahlt, er werde sich zur Jagd im Herbst – das war nur wenige Monate später – ein noch viel schöneres Jagdschloß als Karinhall bauen lassen. Und so ließ denn dieser Gauleiter mitten im Kriege, als alliierte Luftflotten bereits eine deutsche Stadt nach der anderen in Trümmerhaufen verwandelten, sein Schloß Buchenhof bei Zichenau mit einem Kostenaufwand von Millionen Mark zu einem Lustschloß umbauen. Da der »deutsche Marmor« ihm nicht schön genug war, wurde für kostbare Devisen schwedischer Marmor importiert. – Koch ließ auch nicht zu, daß sein Schloß in ein Lazarett für schwerverwundete deutsche Soldaten umgewandelt wurde, als die aus dem Osten zurückflutenden Truppen in die Nähe von Zichenau kamen. Ein Gut nach dem anderen ging in seinen Privatbesitz über. Nachdem er Reichskommissar für die Ukraine geworden war, ließ er sich von Hitler den Bezirk Bialystok dazugeben, um sagen zu können, daß sein Reich von der Ostsee bis an das Schwarze Meer reiche. Koch verstand es auch, im April 1945 aus der Reichskanzlei und damit der gefährlichen Nähe Hitlers zu verschwinden und sich in Sicherheit zu bringen. Er wurde nie wieder gesehen.

Ein anderer typischer Vertreter dieser inneren Garde der Partei war der Reichshauptamtsleiter Saur, der bei Speer die gesamte Herstellung von Waffen und Munition unter sich hatte. Ein stiernackiger Bulle, ein skrupelloser Intrigant und Blender, paßte er schon rein äußerlich in den Kreis der

Männer, die Hitler ihres blinden Gehorsams und ihrer Skrupellosigkeit wegen zu lieben schien. Auch Saur war von unersättlichem Machthunger. Charakteristisch für diesen Mann ist folgender Vorfall, dem ich beiwohnte: Im Laufe der schweren Kämpfe in Ungarn im März 1945 mußte die Heeresgruppe Süd dringend mit neuen Handfeuerwaffen versorgt werden. Gleichzeitig wurde eine große Waffenfabrik in der mittleren Slowakei von der Roten Armee bedroht, die sich gefährlich herangeschoben hatte. In dieser Fabrik lagerten noch nahezu 20 000 Gewehre. Hitler erfuhr davon, ließ Speer entsprechend unterrichten und wies ihn an, diese Waffen sofort zur Heeresgruppe Süd schaffen zu lassen. Als Speer nicht auf der Stelle eine befriedigende Zusage machte, befahl Hitler Speers Vertreter Saur zu sich. Saur »knallte« die Hacken zusammen, riß den Arm hoch und begrüßte Hitler mit strahlenden Augen und einem lauten »Heil, mein Führer!«. Das war Hitlers Mann! Als Hitler ihm die Sache mit der Waffenfabrik auseinandersetzte, war er natürlich Feuer und Flamme und erbot sich, die Waffen binnen 48 Stunden zur Truppe zu schaffen. Die Angelegenheit war somit erledigt, und Hitler war zufrieden. Die Truppe allerdings weniger, denn die Waffen kamen nie an, weil die Gewehre noch gar nicht fertig gewesen waren. Saur wurde dann im Testament Hitlers zum Nachfolger Speers ernannt.

## *Die Flucht des deutschen Hauptquartiers*

Der 15. April brachte der 9. Armee ostwärts Berlins wieder verstärkte Angriffe. Die Schwerpunkte der russischen Aufklärungs- und Angriffstätigkeit, offenbar mit begrenztem Ziel, lagen beiderseits Frankfurts und vor allem im russischen Brückenkopf diesseits der Oder, westlich Küstrins. Die Massierungen, besonders des russischen Artilleriefeuers beiderseits der Straße Küstrin–Berlin, waren hier außergewöhnlich stark. Auch die russische Luftwaffe war bedeutend aktiver als an den Vortagen, besonders im Überfliegen des frontnahen Raumes. Über der ganzen Front der 9. Armee lag eine bis zum Bersten geladene Spannung, die, wie mir ein Offizier des Stabes am Telefon sagte, nur noch mit der erdrückenden Schwüle unmittelbar vor einem Gewitter vergleichbar ist. Ich kenne diese nervöse Atmosphäre aus all den Jahren an der Front nur zu gut. Wenn man da so mittendrin liegt und nur dieses eine Problem kennt, dann glaubt man, schreien zu müssen und nach dieser erdrückenden und atembeklemmenden Atmosphäre greifen zu können.

Von alldem aber wollte die Führungshierarchie von Partei und Staat nichts wissen. Im Rundfunk, in der gesamten Tagespresse, in Propagandaaufrufen, Führungskonferenzen und Gesprächen drehte sich fast alles, wie bei einem Karussell, um einen Punkt – um den Tod des am 12. April verstorbenen Präsidenten der USA. Obgleich nicht die geringsten Anzeichen für eine politische Wende sprachen, nannte der Propagandaminister Dr. Goebbels den Tod Roosevelts ein Wunder, ja, eine Wende im deutschen Schicksal. Noch einmal zog Goebbels sämtliche Register seiner Wortmagie. Der Vergleich mit dem Tode der Zarin Elisabeth im letzten Jahr des Siebenjährigen Krieges, der großen Rettung Preußens vor der Vernichtung, gab Goebbels den Impuls für seine

Propagandawelle. Er beschwor die Massen, um sie glauben zu lassen, die amerikanisch-sowjetische Allianz stehe unmittelbar vor dem Auseinanderbrechen, und der Krieg müsse nun siegreich für Deutschland enden.

Dann kam der 16. April und zerriß für die Soldaten an der Front diese spannungsgeladene, nervöse Atmosphäre und für die Menschen hinter der Front und in Berlin das Goebbelssche Propagandagespinst um den Tod Roosevelts.

Als noch die Dunkelheit über allem lag, begannen die Russen ein Trommelfeuer aus vielen tausend Rohren bei der 9. Armee und bei der 4. Panzerarmee in der Lausitz, wie es Worte nicht zu schildern vermögen. Es war, als ob sich der Vorhang zum letzten Akt der letzten großen Schlacht dieser Welt hebe, als dieses Artilleriefeuer mit unvorstellbarer Gewalt begann. Kilometerweit, in Breite und Tiefe gestaffelt, standen die russischen Batterien buchstäblich Geschütz an Geschütz. Das Trommelfeuer währte Stunden. Dann traten die russischen Regimenter und Divisionen und Armeen zum Angriff an. In der Lausitz, bei der 4. Panzerarmee im Raume zwischen Muskau und Forst, um 7.30 Uhr und bei der 9. Armee an der Oder um 6.30 Uhr.

Nur durch den Tagesbefehl, den Hitler an diesem 16. April an die Soldaten der Ostfront erließ, in dem er unter anderem versprach: »... Berlin bleibt deutsch, Wien wird wieder deutsch ...« geisterte noch einmal der Tod Roosevelts. Noch einmal hielt er ihnen vor Augen, daß das Schicksal durch seinen Tod eine gute Wende nehmen werde.

In den Straßen Berlins herrscht fieberhaftes Treiben. Das ganz ferne, gleichmäßige, dumpfe Rollen, das mehr einem Ahnen gleicht als einem Geschützdonner, hat die Einwohner schon früh aus ihren Häusern oder Kellerlöchern getrieben. Das letzte Aufgebot der Volkssturmmänner hastet zu den Sammelstellen. Schon gegen Mittag rollen die ersten Kommandos mit der S-Bahn in ihre Bereitstellungsräume hinter der Front. Die Panzersperren in und um Berlin werden bis auf eine kleine Durchfahrt geschlossen. In den Straßen bleiben hier und dort Frauen und Mädchen stehen und lauschen angsterfüllt auf die ferne Stimme der Front. Wird die Rote Armee ihre Stadt erobern, oder wird es gelingen, sie aufzuhalten, bis die Amerikaner, die bereits bei Zerbst, ostwärts der Elbe, stehen, Berlin erreicht haben? Immer wieder dieselben bangen Fragen auf den verhärmten, müden Gesichtern der Menschen, die durch die Straßen hasten und vor den Lebensmittelgeschäften Schlange stehen. Nur diese eine Hoffnung hält sie jetzt vor einer Panik zurück: die Hoffnung auf die Amerikaner. Sie müssen kommen, sie müssen ... Diese panische Angst, die einem überall begegnet, ist mit das Ergebnis der Propaganda über die von der Roten Armee begangenen Greueltaten.

Ich sitze im Hauptquartier in Zossen hinter meinem Schreibtisch im Vorzimmer von General Krebs, des Chefs des Generalstabes. Ein Telefongespräch jagt das andere. Oft müssen sämtliche drei Apparate auf meinem Schreibtisch zugleich bedient werden. Der General klingelt. Ich trete durch die schalldichte Doppeltür in sein Arbeitszimmer. Er steht vor dem großen Tisch, über die Karten mit den roten und blauen Einzeichnungen der Oderfront gebeugt. Ich muß mich noch einmal bemerkbar machen. Da erst richtet er sich auf. Der kleine, rundliche und sonst so vergnügliche General sieht mich müde und nachdenklich an: »Was ich noch sagen wollte, verbinden Sie mich doch bitte mal mit General Burgdorf, ich will endlich wissen, wohin wir mit dem Hauptquartier gehen sollen. Versuchen Sie auch, ob Sie noch Berchtesgaden bekommen. Und Freytag soll herkommen, und mir können Sie noch ein Glas Wermut bringen.« Ich gehe wieder in mein Zimmer und melde die Gespräche nach Berchtesgaden und in die Reichskanzlei an. Dann begebe ich mich zum Adjutanten von Freytag-Loringhoven. Er war es, der mir heute früh kurz nach dem Wecken die Mitteilung machte, daß das russische Trommelfeuer bei Küstrin um 3.50 Uhr begonnen habe und der Russe drei Stunden später zum Angriff angetreten sei. Jetzt ist es kurz vor 10 Uhr. Die Meldungen von der Front sind in der letzten Stunde spärlicher geworden. Die Leitungen werden wohl im Trommelfeuer zerfetzt worden sein.

Der Zeit nach müßte die Schlacht jetzt ihren Höhepunkt erreicht haben. Ich muß unwillkürlich an die Kameraden draußen denken. Wie oft in diesen Kriegsjahren hatte ich selbst mitten im Kampf gestanden, hatte wie sie, die jetzt da vorne in der Hölle liegen, die Hände in die schützende Erde gekrallt. Irgendwo in der Weite des russischen Landes. Für uns Jüngere wäre es besser, wir wären jetzt bei denen da vorn. Dieses machtlose Warten. Dieses Wissen von der Aussichtslosigkeit ihres Einsatzes ist so unendlich schwer. Wer nie für die Sicherheit seines Lebens gebangt hat, steht solchen Gefühlen fremd gegenüber. Der weiß nicht, wie es ist, wenn man schwerverwundet irgendwo inmitten einer solchen Schlacht liegt, der weiß nicht, was es bedeutet, wenn dann die Kameraden kommen und einen aus den verschlammten Trichtern in Sicherheit zerren.

Der Major und ich stehen schweigend einige Augenblicke voreinander und lauschen – jeder in seine Gedanken versunken, jeder denkt wohl an dasselbe. Er, der elegante Offizier, dem man nie eine persönliche Regung anmerkte, sieht jetzt müde aus. Tag für Tag und die Nächte hindurch haben wir gearbeitet. Er sieht mich stumm an, richtet sich auf und geht zum Chef. Ich hole den Wermut aus dem Panzerschrank und gieße ein Glas voll. Bald darauf, nach kurzem Fliegeralarm, brausen fünf russische Jäger über uns hinweg, ein seltsamer Anblick, denn bis jetzt hatte sich die russische Luftwaffe selten tiefer als 20 Kilometer in das feindliche Hinterland gewagt, es sei denn, daß sie mit Sicherheit keine deutschen Jagdmaschinen zu erwarten hatte. Die Telefonate reißen nicht ab. Immer wieder dieselben Fragen: »Irgendwelche Neuigkeiten von der Front?«

Kurz vor 11 Uhr füllt sich mein Zimmer mit den Generalen und Obersten des OKH. Um 11 Uhr ist Lagebesprechung beim Chef des Generalstabes. Heute ist die Unterhaltung bei mir im Vorzimmer lebhafter als sonst. »Wohin sollen wir verlagern? Was sollen wir vorbereiten?« Solche und ähnliche Fragen schwirren durch den Raum. Noch besteht eine Möglichkeit, durch Böhmen nach Berchtesgaden zu kommen. Aber wie lange noch? Das Telefongespräch Burgdorf – Krebs hat auch keine Klarheit gebracht. Hitler hat sich noch immer nicht entschließen können, wohin das Führerhauptquartier mit seinem ganzen Anhang verlegt werden soll. Während der Lagebesprechung beim Chef werde ich herausgerufen, Berchtesgaden meldet sich, ein Feldwebel unseres Vorkommandos, der mit einem Sonderzug vor einigen Tagen dort eintraf, ist am Apparat. Frau und Tochter des Generals Krebs fuhren auch mit. Ich erkundige mich nach allem, was der General wissen will. Und dann: »Was wird aus uns?« fragt die Stimme am anderen Ende der Leitung. Wie soll ich das wissen! Wer in Deutschland weiß denn überhaupt noch, was wird?

Kurz nach Mittag erreicht uns die erste ausführliche Meldung von der Front: »Der Angriff ist abgeschlagen, um kleine Einbruchstellen wird noch gekämpft. Verluste sehr hoch.« Ja, es war wieder die alte Formulierung. So erlebte ich es auch vor Leningrad, am Wolchow, am Ilmensee, bei den Pripjetsümpfen, vor Warschau ... Am Nachmittag, Punkt 16 Uhr, setzt das russische Trommelfeuer wieder ein, wieder 1½ Stunden lang, und dann greifen sie wieder an. Welle auf Welle. Als abends die Meldungen vor vorne kommen, heißt es: »Zusammenhang der Front noch gewahrt. Tiefere Einbruchstellen konnten abgeriegelt werden. Schickt uns Soldaten, schickt uns Munition!«

Sowohl südlich Frankfurts als auch nördlich der Stadt konnten die Russen unsere Front an mehreren Stellen um einige Kilometer zurückdrücken. Im Brückenkopf westlich Küstrins konnten die Russen beiderseits der Straße Küstrin – Berlin einen tieferen Einbruch erzielen und bis zur Höhenstufe am Rande der Oderniederung vorstoßen. Weiter nördlich zeichnet sich ebenfalls eine tiefere Einbruchstelle ab.

Gegen 10 Uhr abends kehren Krebs und der Major, der den Chef heute begleitet hat, von der Lagebesprechung aus der Reichskanzlei zurück. Ich hatte ihnen schon einen kleinen Imbiß auf ihre Schreibtische stellen lassen, denn die eigentliche Arbeit begann erst jetzt und würde wahrscheinlich nicht vor 3 oder 4 Uhr morgens enden, wenn es nicht wieder die ganze Nacht hindurch ging. Bei einer Tasse Kaffee erzählt der Major: »Heute nacht müssen sie aus der Stellung westlich von Küstrin heraus. Die Hauptkampflinie wird in die Hardenbergstellung zurückverlegt. Da vorne geht es zu Ende. In der Hardenbergstellung werden sie sich vielleicht noch 24 Stunden halten können. Im Westen sieht es ebenso schlimm aus. Im Norden gehen die Engländer auf Lüneburg vor. Die Amerikaner haben die Elbe zwischen Magdeburg und Dessau überschritten und sind damit näher an Berlin heran als die Russen. In Sachsen drücken sie gegen Halle und Leipzig. Im Süden stehen sie in Bayern. Die Russen stehen vor Brünn und westlich von Wien. Der russische Angriff in der Lausitz zwischen Muskau und Forst bei der 4. Panzerarmee hat heute am ersten Tag, genau wie bei der 9. Armee, die ersten Feindeinbrüche gebracht, die zwar heute noch abgeriegelt werden konnten, aber es besteht hier kaum Hoffnung, daß der Zusammenhang der Front bei weiterer starker Belastung wird gewahrt bleiben können. Dafür sind die eigenen Kräfte zu schwach, und Reserven stehen kaum mehr zur Verfügung.«

Er hält inne und sieht vor sich hin; er denkt wohl an Frau und Kind, die bei Leipzig wohnen. »Übrigens«, fährt er fort, »als wir heute abend durch Tempelhof fuhren, schrie uns eine Gruppe von Menschen nach: Bluthunde, ihr Bluthunde!« Dann geht er an seinen Schreibtisch und sieht die Posteingänge durch.

Am folgenden Tag, dem 17. April, nehmen die Kämpfe vor Berlin und in der Lausitz mit unverminderter Heftigkeit ihren Fortgang. Schritt für Schritt müssen die deutschen Divisionen vor dem Ansturm der Russen weichen. In der Abendmeldung der 4. Panzerarmee heißt es dann: »... die eigenen Linien konnten noch im wesentlichen gehalten werden. Die Luftwaffe unterstützte mit 1000 Einsätzen.« Bei der 9. Armee konnte ein Gegenangriff der Division »Kurmark«, an der Straße Küstrin – Berlin, den russischen Angriff zum Stehen bringen. Um die übrigen Einbruchstellen wird gekämpft. Das Korps am linken Flügel der 9. Armee konnte auch heute noch dem feindlichen Ansturm standhalten und den Zusammenhang der Front wahren. Der 18. April kommt mit strahlendem Frühlingswetter, aber er bringt auch neue schwere Kämpfe. Der russische Angriff dehnt sich weiter nach Süden aus. In Schlesien und im Waldgelände der Lausitz, wo die sowjetische Überlegenheit besonders groß ist, wird erbittert gekämpft. Gegen 9 Uhr morgens gelingt es einem unserer Nachrichtenleute, noch einmal eine Telefonverbindung zu meiner Frau in Lübeck herzustellen. Obgleich sie nicht weiß, wie verzweifelt die Lage wirklich steht, ist sie doch voll banger Fragen: »Du, die Russen sollen schon vor Berlin sein. Ich habe solche Angst um dich, hörst du noch? Kannst du nicht zu mir kommen? Du, was soll nur werden? Man erzählt sich hier, die Engländer seien vor Lüneburg. Stimmt das?« Auf all diese Fragen, die sich hastig überschlagen, kann ich nicht mehr antworten. Das Gespräch wird getrennt. Kaum vier Wochen später erhält sie die Nachricht, ich sei in Berlin gefallen.

Am 19. April zeichneten sich die ersten tiefen russischen Durchbrüche ab. In den ersten Morgenstunden erreichten russische Panzerspitzen aus dem Großkampfraum Muskau–Forst–Guben den Raum von Bautzen. Bei Spremberg überschritten die Russen die Spree. Die Stadt Forst ging verloren. Dieser Stoß der Russen zielte, wie es das OKH vorausgesagt hatte, in den Rücken Berlins und nicht, wie Hitler prophezeit hatte, auf Prag. – Zwischen Forst und Fürstenberg an der Oder wurden unsere Verbände ebenfalls stark zurückgedrückt. Im Kampfraum ostwärts Berlins kamen die Russen an Jahnsfelde und Müncheberg heran, Wriezen ging verloren. Nördlich Buckow brachen 150 feindliche Panzer durch. Lediglich bei Frankfurt selbst standen Verbände der 9. Armee noch unmittelbar an der Oder.

Am Abend dieses 19. April lassen die Schwerpunkte der russischen Angriffsspitzen erstmals die Absicht der Russen, Berlin und die 9. Armee von Norden und Süden einzuschließen, klar erkennen. An diesem Tage verliest auch Goebbels über den Rundfunk eine Proklamation an das deutsche Volk, die am nächsten Tag, also am 20. April, an Hitlers Geburtstag, in allen noch erscheinenden Tageszeitungen abgedruckt wird. Darin heißt es, wie auch schon im Tagesbefehl an die Soldaten der Ostfront, unter anderem: »... Berlin bleibt deutsch, Wien wird wieder deutsch ...« Der Führer hat es gesagt, der Führer muß es ja wissen, denken viele Menschen – sie sind ja immer wieder angelogen worden, sie sind dazu erzogen worden, der Goebbelsschen Propaganda zu glauben. Sie glauben immer noch an die berühmte Geheimwaffe, die in den nächsten Stunden oder Tagen eingesetzt werden wird. Außerdem müssen ja bald die Russen und Amerikaner aufeinanderprallen. Goebbels hat durch eine geschickte Flüsterpropaganda erreicht, daß ein Großteil der vor Berlin kämpfenden deutschen Soldaten wirklich überzeugt ist, die Amerikaner würden ihnen bald gegen die Russen zu Hilfe eilen! Flugblätter werden über Berlin abgeworfen: »Truppen und Panzer werden kommen und uns Freiheit und Sieg geben.« Auch das gibt den Berlinern und Soldaten wieder Hoffnung. Die 12. Armee, die hiermit wohl gemeint war, nach ihrem Führer, dem General der Panzertruppen Wenck, benannt, ist in Wirklichkeit gar keine frontstarke Armee. Von ihren Divisionen, die die Namen »Clausewitz«, »Scharnhorst«, »Ulrich von Hutten«, »Theodor Körner«, »Potsdam«, »Schlageter«, »Friedrich Ludwig Jahn« tragen, stehen die meisten nur auf dem Papier; nur drei Divisionen, also ein Korps, waren voll zur Aufstellung gekommen. Führer dieses XX. Armeekorps ist der General der Kavallerie Köhler, der mir, als er sich vor 14 Tagen, aus Norwegen kommend, beim Chef meldete, erzählte, er habe gerade die Nachricht erhalten, daß sein einziger Sohn gefallen sei. Seine Divisionen, berichtete er, seien sehr schlecht ausgerüstet und bewaffnet. Fast 90

Prozent der Mannschaften seien 17- und 18jährige kriegsunkundige Offiziersanwärter und Arbeitsdienstmänner. Es gäbe Gruppen, in denen nicht einmal die Hälfte der Mannschaften Waffen habe. Das ist die »Befreiungsarmee«. Als Hitler sie Anfang April dem General Wenck übergab, sagte er voll Pathos: »Wenck, in Ihre Hände lege ich das Schicksal Deutschlands!«

Der Plan Hitlers bei der Aufstellung dieser Armee war, sie gegen die Engländer und Amerikaner einzusetzen. Wenck sollte, so lautete die ursprüngliche, erste Weisung von Hitler, aus dem Aufstellungsraum ostwärts des Harzes antretend, die Verbindung zur eingeschlossenen Heeresgruppe B im Ruhrkessel wiederherstellen. Als dann die Ereignisse im Westen mit ungeahnter Schnelligkeit abliefen und die 11. Armee von den westlichen Alliierten im Harz eingeschlossen wurde, erhielt Wenck den Auftrag, diese Armee wieder freizukämpfen. Der Einsatz in Richtung Heeresgruppe B lohnte nicht mehr – die Lebensdauer des Ruhrkessels war zu diesem Zeitpunkt nur noch eine Frage von wenigen Tagen.

Am 20. April, Hitlers 56. Geburtstag, stoßen die Russen in der Lausitz weiter nach Nordwesten vor und erreichen in den Abendstunden bereits den Spreewald. General Krebs schickt daraufhin die »Begleitschwadron«, die letzte persönliche Kampfreserve des Chefs des Generalstabes, die aus einer verstärkten, gutausgerüsteten motorisierten Aufklärungsschwadron mit etwa 250 Mann besteht, dem Feind nach Luckau, etwa 40 Kilometer südlich unseres Hauptquartiers, entgegen. Bald darauf erreicht uns eine weit folgenschwerere Nachricht: Der Russe ist nördlich Berlins über Eberswalde vorgestoßen und hat Oranienburg erreicht. Bei diesem schnellen Vorstoß handelt es sich um denselben, der am Vortage nur als Durchbruch von 150 russischen Panzern erkannt und gemeldet wurde. Marschall Schukows Panzerkorps hatten hier die entscheidende Bresche geschlagen.

In der Reichskanzlei fand derweilen die Gratulationscour statt. An diesem Geburtstag Hitlers waren noch einmal fast alle seine alten Kampfgefährten erschienen: Göring, Goebbels, Himmler, Bormann, Speer und andere sowie die Spitzen der drei Wehrmachtteile. Der Tag verlief anfangs recht ruhig und ausgeglichen, aber dann bestürmten ihn doch alle, Berlin zu verlassen und mit seinem Stab und Hauptquartier, außer Goebbels, der ja Gauleiter und Verteidigungskommissar von Berlin war, nach Oberbayern zu übersiedeln. Aber Hitler war unschlüssig. Das einzige, dem er für den Fall zustimmte, daß Deutschland durch die Begegnung der Amerikaner und Russen in zwei Hälften geteilt würde, war, daß der Großadmiral Dönitz im dann selbständigen nördlichen Teil des Reiches die Regierungsgeschäfte leiten sollte. Da er für den südlichen Teil des Reiches keine Persönlichkeit namhaft machte, muß angenommen werden, daß er zu diesem Zeitpunkt noch mit dem Gedanken spielte, selber in den Süden des Reiches zu gehen. Himmler sollte mit seinem Stab, ebenso wie das Außenministerium, zu Dönitz in den Norden des Reiches gehen, Göring hingegen in den Südteil.

Der Grund, warum er selber immer noch in Berlin war und auch vielleicht bleiben würde, war der unerschütterliche Glaube an sich selbst. Er glaubte, daß sich durch seine Gegenwart der Geist derer, die für ihn kämpften, fortlaufend zu einem heroischen Kampf entzünden würde, an dem der gegnerische Ansturm zerbrechen werde. Um die Mittagszeit verlieh er an Hitlerjungen, die sich durch Tapferkeit ausgezeichnet hatten, Eiserne Kreuze. Erst als die Gäste gegangen waren, wurden Hitler bei der Abendlage die Tagesmeldungen von der Front in ihrer ganzen Schwere übermittelt: Der weitere Durchbruch aus dem Raume Muskau–Forst und das Eindrehen dieser Feindverbände nach Nordwesten, der katastrophale Durchbruch von Schukows Panzern im Norden Berlins bis nach Oranienburg, und damit die ganz eindeutig eingeleitete Zangenbewegung der Russen zur Einschließung Berlins, sowie der Angriffsbeginn der Russen vor der Front der 3. Panzerarmee. Hier war es den Truppen des Marschalls Rokossowski bis zum Abend gelungen, am diesseitigen Ufer des fast drei Kilometer breiten Überschwemmungsgebietes der Oder südlich Stettins zwei Brückenköpfe zu bilden. Bei diesem Lagevortrag war Hitler auch von dem General der Waffen-SS Steiner berichtet worden, der, auf Grund des russischen Durchbruchs nach Oranienburg, an der offenen Südflanke der 3. Panzerarmee Truppen zusammenziehen sollte. Tatsächlich handelte es sich hier aber nur um eine Spekulation. Steiner hatte zwar einen entsprechenden Auftrag von der Heeresgruppe Weichsel bekommen, aber noch keinerlei Truppen. Die sollte er sich aus zurückflutenden Soldaten selber aufbauen und so bald wie möglich von der Heeresgruppe einige Verbände zugeführt bekommen.

Hitler ließ Steiner befehlen, nach spätestens 24 Stunden in Richtung Berlin anzugreifen, um damit den russischen Durchbruch nördlich Berlins von seinen rückwärtigen Verbindungen abzuschneiden und dann zu vernichten. Er befaßte sich in diesem Zusammenhang mit Ideen, die immer noch die Oder als Rückgrat einer Verteidigung gen Osten beinhalteten. Teile der 9. Armee, die bei Frankfurt an der Oder hielten, sollten nach Süden angreifen, und der Feldmarschall Schörner sollte mit Teilen seiner Heeresgruppe Mitte nach Norden vorstoßen, um so auch die Angriffstruppen des Marschalls Konjew an der Neiße von ihren rückwärtigen Verbindungen abzuschneiden. All das, Steiners Angriff, der Angriff der 9. Armee und der Schörners, sollte zu einer entscheidenden Niederlage der Roten Armee führen.

Hitler wußte wirklich nicht mehr, nein, er wollte es nicht wissen, was außerhalb der Reichskanzlei vor sich ging.

Als diese Lagebesprechung ihr Ende gefunden hatte und die Nacht zum 21. April hereinbrach, begann in Berlin das große Aufbrechen. Himmler und seine Stäbe sowie das Außenministerium »verlagerten« nach Norden, Göring mit seinem Luftwaffenführungsstab, unter vorläufiger Zurücklassung der Generale Koller und Christian, fuhr gen Süden. Und mit ihnen zog das Gros der Verwaltung aus Partei und Staat.

Um 6 Uhr früh des darauffolgenden Tages weckt mich ein Telefonanruf des Oberleutnants Kränkel, Führer der Schwadron, die am Tage zuvor den Aufklärungsauftrag in Richtung Luckau erhielt. Kränkel ist selbst am Apparat: »Etwa 40 russische Panzer sind an uns vorbeigestoßen, ebenso aufgesessene Infanterie. Um 7 Uhr greife ich an.« Das war für unser Hauptquartier der gefährlichste Stoß. Reserven gab es nicht mehr. Die Armee Wenck, die hätte helfen können, stand immer noch an der Elbe im Kampf mit den Amerikanern. Um 9 Uhr wieder ein Anruf von Kränkel: »Eigener Angriff unter starken eigenen Verlusten gescheitert. Meine Panzeraufklärung meldet das weitere Vordringen feindlicher Panzerrudel in Richtung Norden.« Also auf Berlin und damit auch auf Zossen. Als ich Krebs diese alarmierenden Nachrichten überbringe, gibt er diese Meldung sofort weiter an die Reichskanzlei. Er dringt jetzt auch darauf, daß endlich eine Entscheidung über die Verlegung des Hauptquartiers fallen muß, da sonst keine Führung mehr möglich sein wird. Aber Hitler zögert immer noch. Am 22. überstürzen sich die Hiobsbotschaften von der Front südlich und nördlich Berlins. Diese Neuigkeiten verbreiten sich im Hauptquartier wie ein Lauffeuer. Ich kann den Hörer kaum noch aus der Hand legen, immer wird dieselbe Frage wiederholt: »Findet die Lagebesprechung heute trotzdem noch statt?« Meine Antwort ist immer dieselbe: »Wie gewöhnlich um 11 Uhr.« Gegen den Befehl des Chefs lasse ich jedoch alles für einen überstürzten Abmarsch vorbereiten. Kurz vor Beginn der Lagebesprechung beim Chef geht es in meinem Zimmer zu wie in einem Bienenstock. Melder, Schreiber und Ordonnanzoffiziere kommen und gehen. Die Unterhaltung der Generale und Obersten ist so laut, daß ich mehrfach um Ruhe bitten muß, um am Telefon noch etwas verstehen zu können. Wenige Minuten vor 11 Uhr wird es im Zimmer auf einmal so still, daß man eine Stecknadel hätte fallen hören können.

Da ist er schon wieder, dieser heisere, bellende Knall. Wer einmal draußen an der Front war, kennt dieses harte Geräusch nur zu gut. Alle sehen sich mehr entsetzt als erstaunt an, dann unterbricht einer die Stille: »Das sind sicher die russischen Panzer bei Baruth. Zehn oder vielleicht auch fünfzehn Kilometer sind es noch – denke ich.« Ein anderer meint: »In einer halben Stunde können sie wohl hier sein.«

General Krebs tritt aus seinem Arbeitszimmer: »Darf ich bitten, meine Herren.«

Die letzte Lagebesprechung beim Chef des deutschen Generalstabes im deutschen Hauptquartier hat begonnen.

Ich werde von der Lagebesprechung wieder herausgerufen. Da steht der Oberleutnant Kränkel, abgehetzt, verdreckt und meldet. – Eine Handvoll Fahrzeuge und 30 bis 40 Mann, das ist alles, was von seiner Schwadron übriggeblieben ist. Baruth ist von den Russen eingenommen, dort sollen von uns noch zwei Flakgeschütze, einige 50 Soldaten und etliche Volkssturmmänner stehen. Der Russe ist dort stehengeblieben. Ob ich noch irgendwelche Befehle für ihn hätte, fragt er zum Schluß seiner Meldung.

»Ja«, sage ich, »halten Sie sich und Ihre Leute und Fahrzeuge einsatzbereit.« Dann gehe ich wieder in das Lagezimmer und berichte dem General. Er läßt sich sofort mit Hitler verbinden, um ihn noch einmal eindringlich zu bitten, das Hauptquartier verlegen zu dürfen. Hitler lehnt ab. Auf den Gesichtern der sich verabschiedenden Offiziere steht deutlich ein Gedanke zu lesen: Also russische Gefangenschaft.

Kurz darauf ein Anruf von Burgdorf. Hitler habe schon befohlen, sämtliche Truppen, die noch auf beiden Seiten der Elbe zwischen Dresden und Dessau – Roßlau kämpfen, mit Einbruch der Dunkelheit beginnend, auf Berlin zurückzuziehen. Damit wird der Weg für die Begegnung der Amerikaner und Russen freigegeben. Mit Beginn des morgigen Tages wird Deutschland in zwei Hälften geteilt sein. Wie so oft in diesem Krieg, blieb der Russe aber dort stehen, wo wir es am wenigsten vermuteten. Ohne nennenswerte Ge-

genwehr zu finden, steht der russische Panzerkeil in Baruth, etwa fünfzehn Kilometer von unserem Hauptquartier entfernt, und rührt sich nicht. Endlich, um 13 Uhr, kommt Hitlers Befehl zur Verlegung des Hauptquartiers in die Luftwaffenkaserne nach Potsdam-Eiche. Gleichzeitig wird uns mitgeteilt, daß die Lagebesprechung in der Reichskanzlei heute schon um 14.30 Uhr stattfinden soll. Im Hauptquartier finden nun in größter Eile die Vorbereitungen zum Abmarsch statt. Die Leitungen werden abgebaut. Um 14 Uhr fahre ich mit der Kolonne der Dienststelle Chef Generalstab durch das Hauptportal von »Maybach II« in Richtung Potsdam. Der Chef ist mit dem Adjutanten schon vor einer Viertelstunde in Richtung Berlin abgefahren.

Auf der großen Landstraße ziehen Menschen, Hunderte, Tausende, viele mit Pferd und Wagen, andere mit Fahrrädern oder kleinen Leiterwagen, Schubkarren, Kinderwagen, die meisten zu Fuß, alle nach Westen, irgendwohin, nur fort. Die Panzersperren an den Ortsausgängen lassen nur noch eine enge Durchfahrt. Oben auf den massiven Barrikaden aus Holz und Stein klettern und spielen hier und da Kinder; unbekümmert und ahnungslos, Papierhelme auf dem Kopf und Holzschwerter in der Hand, winken sie uns zu. Wir winden uns weiter durch den Pulk der Flüchtlinge in Richtung Potsdam. Ein entgegenkommender Motorradfahrer berichtet, daß das Zentrum Berlins bereits unter dem Artilleriebeschuß der Russen liegt. In der Dorotheenstraße habe es schon die ersten Toten im Zentrum der Stadt gegeben.

In der Reichskanzlei findet zu dieser Zeit die letzte große Führerlage statt. Ich habe sie leider nicht miterlebt, weil ich die Überführung der Dienststelle leiten mußte, mir aber unmittelbar nach Rückkehr von dieser Lagebesprechung von Freytag-Loringhoven und auch später von General Krebs erzählen lassen. Hitler hatte zum letzten Male die Vertreter der Wehrmacht, Partei und des Staates, soweit sie sich noch in und um Berlin aufhielten, um sich versammelt. Die Lagebesprechung begann an diesem 22. April in der Reichskanzlei wie auch sonst. Jodl und Krebs trugen vor.

Erst als Krebs auf die Kampfräume zwischen den Sudeten und dem Stettiner Haff, also südlich und nördlich Berlins, zu sprechen kam, wurde Hitlers Interesse und Beteiligung rege.

Der südliche Angriffskeil der Russen hatte inzwischen unmittelbar südwestlich Berlins etwa eine Linie ostwärts Treuenbrietzen–Beelitz–Teltow erreicht. Im Norden der Stadt wurde in den Vororten Lichtenberg, Niederschönhausen und in Frohnau gekämpft. Bei der Prenzlauer Allee ein feindlicher Panzereinbruch. – Der tiefe Angriffskeil der Russen nördlich der Stadt konnte über Oranienburg hinaus nach Westen erweitert werden. Somit konnte es nur noch eine Frage von ein bis zwei Tagen sein, bis die Einschließung Berlins vollendet war.

Hier unterbrach Hitler den Lagevortrag und wollte wissen, wo der SS-General Steiner mit seinen Angriffsverbänden stand. Hitler hatte unterbrochen, weil kein Wort über seinen am 20. April von ihm befohlenen Angriff in die tiefe Flanke des russischen Angriffskeils auf Oranienburg gesagt worden war.

Nur zögernd wurde Hitler jetzt berichtet, daß dieser Angriff überhaupt noch nicht begonnen habe und daß durch das Abziehen einiger Verbände aus Berlin für den Steinerschen Angriff, wie Hitler ihn selbst befohlen hatte, der Russe an den hierdurch geschwächten Frontabschnitten im Norden und Nordosten der Stadt in die Außenbezirke Berlins hatte eindringen können.

Das war zuviel für ihn. Hitler unterbrach und bat sämtliche Konferenzteilnehmer, außer Keitel, Krebs, Jodl, Burgdorf und Bormann, den Raum zu verlassen. Es herrschte ein spannungsgeladenes und erwartungsvolles Schweigen.

Wie von einer fremden Kraft getrieben, sprang Hitler dann auf und schrie und tobte! Er wurde abwechselnd kreidebleich und puterrot im Gesicht und zitterte an sämtlichen Gliedern. Seine Stimme überschlug sich, und er kreischte von Untreue, Feigheit, Verrat und Ungehorsam. Vorwürfe gegen Wehrmacht und Waffen-SS, wie sie frühere Wutausbrüche in schwächerer Form bereits mehrmals gebracht hatten, folgten. Sein Ausbruch gipfelte darin, daß er gleichsam schwor, er bleibe in Berlin, bei den Berlinern, er werde den Kampf hier persönlich leiten, wer gehen wolle, solle ihn und Berlin verlassen. – Und dann passierte für die Umstehenden das Unfaßbare, das, was sie von ihm nicht kannten. Hitler fand langsam zu seinem Stuhl zurück, und so kraftvoll, wie dieser Ausbruch begonnen hatte, so endete er jetzt im völligen Zusammenbruch. In sich zusammengesunken, schluchzte er wie ein kleines Kind – und gestand unter diesem Schluchzen erstmals, ohne irgendwelche Umschweife oder sonstigen entschuldigenden Erklärungen: »Es ist alles aus ... der Krieg ist verloren ... ich erschieße mich.«

Die Fassungslosigkeit der Umstehenden währte fast fünf Minuten in völligem Schweigen. – Jodl war der erste, der das Schweigen brach und Hitler ruhig und vorsichtig, aber in bestimmter Form an seine Pflichten gegenüber Volk und Wehrmacht erinnerte. Die anderen versuchten, ihm Trost und Hoffnung zu geben, indem sie ihn auf die großen, verbliebenen Räume im Norden und im Süden verwiesen, die zu diesem Zeitpunkt noch von deutschen Soldaten gehalten und verteidigt wurden. Auch die Beschwörungen seiner alten Getreuen und Mitarbeiter, sofort nach Berchtesgaden überzusiedeln, um von dort weiterzuführen, berührten ihn nicht mehr. Hitler blieb bei seinem Entschluß, in Berlin zu bleiben.

Im weiteren Verlauf bestätigte er dann, daß Großadmiral Dönitz sämtliche zivilen und militärischen Vollmachten für den gesamten Nordraum innehabe, Keitel und Jodl sollten von Berchtesgaden aus die weitere militärische Führung der noch in Teilen Süddeutschlands, Böhmens, Österreichs, Kroatiens und Norditaliens kämpfenden deutschen Verbände übernehmen – was allerdings durch den Fortgang der militärischen Ereignisse später nicht mehr in die Tat umgesetzt werden konnte. – Über die Führung Görings im Südraum äußerte sich Hitler unbestimmt und unklar.

Anschließend befahl er Goebbels zu sich, um ihn aufzufordern, mit seiner Frau und seinen Kindern in den Bunker der Reichskanzlei überzusiedeln und einen Aufruf an die Berliner Bevölkerung zu erlassen, in dem dieser mitgeteilt würde, daß er, Hitler, in Berlin sei, hier den Kampf persönlich führen und das Schicksal der Berliner teilen werde. Weiter ordnete Hitler an, daß Bormann – nachdem sich dieser geweigert hatte, Hitlers Befehl, Berlin zu verlassen, Folge zu leisten –, Burgdorf, Krebs und natürlich Goebbels sowie die Verbindungsoffiziere bei ihm im Bunker bleiben sollten. Die Entscheidungen dieser Lagebesprechung wurden von den Verbindungsoffizieren sofort an deren unmittelbare Vorgesetzte telefonisch und mündlich weitergegeben, was, wie die weitere Entwicklung zeigte, bei Göring und Himmler zu Mißverständnissen und falschen Reaktionen führte.

Keitel und Jodl, die sich anfänglich weigerten, Hitler zu verlassen, fuhren nicht, wie ursprünglich geplant, sofort in den Südraum, sondern versprachen Hitler, alles in ihrer Kraft Stehende zu tun, um die erforderlichen Operationen zum Freikämpfen Berlins persönlich in die Wege zu leiten. Keitel begab sich noch in der gleichen Nacht zu General Wenck und den Verbänden seiner 12. Armee. Jodl fuhr zu Steiner und von dort nach Krampnitz, wohin das OKW verlagert hatte, um von hier alles nur Mögliche zu organisieren, vor allem im Raum der 3. Panzerarmee. Gleichzeitig verließen Leibarzt Prof. Morell, Admiral von Puttkamer, Adjutant Julius Schaub und weitere langjährige Mitarbeiter Hitlers in untergeordneten Stellungen Berlin. Als sich die engsten Mitarbeiter nach diesem Zusammenbruch Hitlers wieder gefangen hatten, gelang es ihnen, durch unermüdliche Mutsprüche ihn wieder aufzurichten. Dieses »Verdienst« dürfte in erster Linie Keitel und Jodl sowie Bormann und Goebbels, der ja kraft seines Amtes zum Verbleiben in Berlin verurteilt war, zufallen. Keitel und Jodl verwiesen auf die Möglichkeiten, die in dem zusammenwirkenden Angriff der 9. und 12. Armee lagen, sowie auf die weiteren Möglichkeiten des Angriffes von Steiner und Holste. Außerdem empfahl Jodl, die Front gegen die Westalliierten jetzt völlig zu entblößen und diese Kräfte im Kampf um Berlin einzusetzen.

In Goebbels erwachte wieder die teuflische Kraft seiner Rede, und er und Bormann hielten Hitler vor Augen, welche enormen Kräfte in Berlin bei rücksichtslosem Auskämmen und härtestem Durchgreifen noch zur Verfügung stehen würden. All das sowie telefonische Anrufe seiner Getreuen, die von Hitlers Zusammenbruch durch die Verbindungsoffiziere unterrichtet worden waren, ließ in Hitler noch einmal die Kraft zum allerletzten Widerstand erwachsen. Aus dieser Entwicklung in und um Hitler ergaben sich dann in dichter Folge in den späten Nachmittagsstunden folgende Befehle und Weisungen:

1. Die 9. Armee, die noch immer verzweifelt im Raume um Frankfurt kämpfte und mit Teilen an der Oder hielt, soll sich sofort unter Abschirmung der beiden Flanken und des Rückens zum Angriff nach Westen bereitstellen, um Anschluß an die Armee Wenck zu gewinnen.
2. Generalfeldmarschall Keitel begibt sich sofort zur Armee Wenck und zu deren Verbänden, um ein klares Bild der dortigen Lage zu bekommen. Dann mündliche Einweisung zur Vereinigung mit der 9. Armee und Loslösung von der Front gegen die Amerikaner. Alsdann Bereitstellung zum Angriff auf Berlin mit Stoßrichtung auf Ferch südwestlich Potsdams.
3. Jodl begibt sich zu Steiner, um dort den Angriff aus dem Raum nördlich Oranienburgs in Richtung Berlin voranzutreiben.
4. Weisung an Großadmiral Dönitz, dem Entscheidungskampf um Berlin vor sämtlichen übrigen Verpflichtungen rücksichtslos die Priorität einzuräumen.
5. Goebbels soll als Verteidigungskommissar Berlins unter Ausnutzung rücksichtslosester Machtmittel sämtliche nur erdenklichen Kräfte im Raum Berlin mobilisieren.

Bevor ich mit meiner Kolonne nach Potsdam hineinfahre, lasse ich noch einmal halten, um die lang auseinandergezogenen Fahrzeuge zu sammeln. Zwei deutsche Jäger fliegen über uns hinweg in Richtung Osten. Das Rumoren der Front klingt jetzt nur noch schwach an unser Ohr, wie das ferne Rollen eines Donners. In der Nähe des Bahnhofs passieren wir etwa zwanzig bis dreißig Blindgänger, die vom letzten Bombenangriff auf Potsdam liegengeblieben sind. An den Brücken vor dem Alten Schloß gibt es einen unfreiwilligen Halt. Vor der Panzersperre zwischen beiden Brücken haben sich Hunderte von Fahrzeugen gestaut. Ich steige aus und versuche, das Knäuel zu entwirren. Aufgeregte Männer mit Pferd und Wagen, fluchende Lastwagenfahrer, hilflos weinende Mütter, ihre in Wolldecken gewickelten Kinder auf dem Arm, alles schreit sinnlos durcheinander. An den Brükken arbeiten unterdessen Pioniere, um Sprengmunition und Bombenblindgänger für die Sprengungen anzubringen. Endlich geht es weiter durch die Stadt. Das alte Palais des ersten Preußenkönigs ist völlig zerstört. Wir müssen durch Nebenstraßen fahren. Zusammengestürzte Häuser und Bombentrichter versperren den Weg. Das Glockenspiel der alten Potsdamer Garnisonkirche, wo Adolf Hitler einst sein Drittes Reich einweihte und vor dem Sarg Friedrichs des Großen einen feierlichen Schwur tat, liegt auf der Straße, geborsten zwischen Schutt und Asche. Die ausgebrannten hohen Fenster der Garnisonkirche starren uns an wie leere Augenhöhlen. Am Rande der Stadt liegen noch Villen und Parks in friedlicher Stille, auch Sanssouci ist von den Bomben verschont geblieben. Dann sind wir am Ziel: vor der Kaserne in Potsdam-Eiche. Vorkommandos empfangen uns, Befehle schwirren durcheinander. Als von Freytag-Loringhoven gegen 20 Uhr abgespannt aus der Reichskanzlei zurückkommt, ist hier die dringendste Arbeit getan, und wir sitzen noch eine ganze Weile beisammen und sprechen über das, was uns der Tag brachte. Hier in Potsdam-Eiche ist alles nur provisorisch, lange werden wir auch hier nicht bleiben können. Was aus uns beiden werden soll, nachdem General Krebs zum Verbleiben in der Reichshauptstadt verurteilt worden ist, weiß er nicht.

In der Frühe des darauffolgenden Tages sickert auch schon

durch, daß das Hauptquartier von hier nach Rheinsberg verlegt werden soll und von dort wahrscheinlich weiter in die Gegend von Lübeck. Ich wage es kaum zu hoffen. Vielleicht kann ich schon in wenigen Tagen in Lübeck Frau und Kind wiedersehen. In den ersten Morgenstunden dieses Tages erhalte ich von General Detlevsen, dem die Führung des OKH übertragen worden ist, den Befehl über die Führung der militärischen Verteidigung des OKH. Noch bevor ich meine neue Aufgabe richtig antreten kann, wird der Major von Freytag-Loringhoven von General Krebs aus der Reichskanzlei angerufen. Er soll umgehend mit dem, was er für mehrere Tage benötigt, zu ihm in den Bunker der Reichskanzlei kommen. Der Major und wir alle wissen, was das für ihn bedeutet. Der Abschied fällt uns allen sehr, sehr schwer.

Dann stelle ich, wie von General Detlevsen befohlen, so gut es geht, eine Kampfgruppe zusammen, kläre mit Panzerspähwagen auf und riegle die See-Engen bei Geltow, Werder und Marquard westlich und nördlich und südwestlich von Potsdam ab. Der Flüchtlingsstrom nimmt auch hier ununterbrochen zu, überall Bilder der Verzweiflung.

Der Anblick der Landstraßen wird immer trostloser. Es mischen sich bereits die ersten Soldaten unter die Flüchtlinge. Zuerst sind es nur einzelne, dann kleine Gruppen, und dann werden es viele. Einige haben noch ein Ziel, die meisten aber sind abgestumpft, in haltloser Auflösung begriffen. Diese Menschen sind völlig apathisch. Man erkennt es am Gang, an der Kopfhaltung, am Blick. Ebenso reißt der Strom der Verwundeten und notdürftig Verbundenen nicht mehr ab.

Um 17 Uhr muß ich mich bei General Detlevsen melden. Er hat mich zu sich befohlen. Der sehr große, nervöse Mann erhebt sich, als ich in sein Zimmer trete, gibt mir die Hand und erklärt in knappen Worten: »Vor einer halben Stunde rief General Krebs an. Sie sollen sofort in den Bunker der Reichskanzlei kommen, um Freytag bei der Arbeit zu unterstützen. Ihre Sachen sollen Sie mitbringen. Ich glaube, Sie wissen, was das für Sie bedeutet.« Er sieht mich fest an, legt die Hand auf meine Schulter und fügt hinzu: »Wenn es soweit ist und die den Gasschlauch in Tätigkeit setzen, dann gehen Sie rechtzeitig 'raus aus dem Bunker und sterben einen anständigen Soldatentod auf dem Wilhelmplatz.« Das letzte hatte er langsamer gesprochen, fast so, wie ein Vater zu seinem Sohn spricht. Dann sagte er noch: »Haben Sie noch irgendeinen Wunsch, den ich Ihnen erfüllen könnte?«

Es ist sehr still im Zimmer geworden. Ich gebe ihm die Anschrift meiner Frau, grüße und gehe. Erst draußen, im Halbdunkel des langen Kasernenganges, wird mir die ganze Schwere seiner Worte bewußt. Die Tage und Wochen vorher hatte ich mitten im Trubel der Ereignisse und überhetzten Arbeit gestanden, und es war mir so ergangen, wie es uns allen während der Kriegsjahre draußen an der Front erging: Wir hatten nicht nach dem Warum gefragt, nicht nach der Zukunft, wir hatten keine Zeit zum Nachdenken und Grübeln gehabt. Wohl war mir in den Wochen und Monaten seit Beginn meiner Tätigkeit hier im OKH bewußt geworden, daß die völlige Niederlage in nicht allzu weiter Ferne unvermeidlich sein würde. Aber nun dieses Ende so unvermittelt und unmittelbar vor Augen. Es war wie ein grausames Erwachen.

Langsam lasse ich mir das Notwendigste für den persönlichen Bedarf geben, verabschiede mich von allen und fahre los. Meinen Burschen Gummersbach lasse ich zurück. Er soll meine Frau grüßen. Dann geht der Weg an Potsdam vorbei über Nedlitz, Krampnitz bis zur Heerstraße. Der direkte Weg über Wannsee, Dahlem ist schon nicht mehr passierbar, da die Russen die Straße in Zehlendorf bereits überquert haben sollen. Es ist dunkel geworden, die Straßen sind fast leer, das Rollen der Schlacht um Berlin ist fast ganz verstummt. Auf der breiten Ost-West-Achse begegnen wir kaum einem Menschen. Nur hier und da huscht ein Schatten von Keller zu Keller. Je weiter wir in das Zentrum vordringen, desto ausgestorbener scheint die Riesenstadt. Ohne irgendwelche Zwischenfälle gelangen wir zum Wilhelmplatz und biegen gleich darauf in die Voßstraße ein. Dunkel und wuchtig hebt sich die lange Front der Neuen Reichskanzlei und der gegenüberliegenden Häuserruinen vom hellen Nachthimmel ab.

# *Die Schlacht um Berlin*

Kein Mensch ist zu sehen. Vor dem Parteieingang zur Reichskanzlei liegt der Schutthaufen einer eingestürzten Häuserfassade. Das dumpfe Bersten einer einschlagenden Granate zerreißt die trügerische Ruhe. Ich lasse den Wagen auf dem Platz neben dem Wehrmachtseingang vor der Hebebühne halten, wo bereits mehrere Fahrzeuge stehen. Der Posten, der gewöhnlich hier Wache hält, ist nicht zu sehen. Die Autohebebühne scheint auch nicht mehr intakt zu sein. Unwillkürlich zucke ich zusammen. Ein fauchendes Rauschen hat die gespensterhafte Stille abermals zerrissen, kurz darauf das berstende Krachen einer schweren Granate, deren Einschlag in der Nähe des Potsdamer Platzes liegen muß. Über die Ruinen hinweg, in Richtung des Abschusses, nimmt ein schwacher Feuerschein an Helligkeit zu. Schon wenige Minuten später folgt der nächste Einschlag, diesmal weiter entfernt. Nach längerem Suchen finde ich endlich den ersten Posten. Die Wachen vor den Eingangstüren haben sich in die schützende Dunkelheit des Gebäudes zurückgezogen. Ein SS-Mann kommt auf mich zu und fragt nach meinem Wohin. Der wachhabende Unteroffizier läßt mich gleich darauf in das Innere des Bunkers unter der Reichskanzlei führen. Wir benutzen einen Nebengang, der nur schwach beleuchtet ist. An die Wände des langen Ganges gelehnt, stehen Soldaten mit ihren Waffen. Einige rauchen, andere unterhalten sich, wieder andere sitzen in der Hocke mit vornübergesunkenem Kopf und schlafen. Das Geräusch der gedämpft sprechenden Menschen mischt sich mit dem monotonen Surren der Ventilatoren. Schließlich gelangen wir zum Gefechtsstand des SS-Brigadeführers Mohnke, der bis vor kurzem noch Führer einer SS-Division war. Jetzt ist er der Führer des »Freikorps Adolf Hitler«, das er vor einigen Tagen im Berliner Tiergarten aus Freiwilligen des ganzen Restreiches zusammengestellt hat. Es sind alles in allem etwa zweitausend Mann, die den letzten Verteidigungsring um die Reichskanzlei bilden sollen. Mohnke spricht laut und gestikulierend mit einigen SS-Offizieren und erteilt Befehle. Die Luft in dem schmucklosen, kleinen Raum ist trotz der Ventilatoren stickig und verbraucht. Nachdem Mohnke sich telefonisch bei der Adjutantur über meinen Auftrag vergewissert hat, werde ich von zwei SS-Männern weiter in das Innere des Bunkers begleitet. Das dumpfe Rollen der Artillerieeinschläge ist hier nur noch schwach zu hören.

Da die ganze Bunkeranlage der Reichskanzlei erst im Rohbau fertig ist, wirken die Räume besonders nüchtern und abstoßend. Die kalten, grauen Betonwände strömen den feuchten, muffigen Geruch aller Neubauten aus. Der Weg führt uns jetzt durch ein Gewirr von Bunkerräumen, die sämtliche miteinander durch Gänge oder dünnwandige Stahltüren verbunden sind. Über allem liegt wie ein Alpdruck dieser muffige Geruch, das ineinanderfließende Geräusch sprechender Menschen und das Brummen der Ventilatoren. Es werden alles in allem fünfzig bis sechzig Bunkerräume sein, die hier unter der Reichskanzlei liegen. Aus diesem Labyrinth heraus führen sechs Ausgänge, davon drei unmittelbar ins Freie, die übrigen in das Erdgeschoß der Reichskanzlei und zum Führerbunker im Garten. Mehrere der Räume sind bis unter die Decke mit Brot, Konserven und anderen Vorräten so vollgepfropft, daß es schwierig ist, durchzukommen. Wieder andere Bunkerräume und Gänge sind angefüllt mit Soldaten, von denen die meisten teilnahmslos an den Wänden lehnen. Nur wenige stehen in Gruppen beisammen und unterhalten sich. Viele liegen und sitzen auf dem nackten Betonfußboden und schlafen mit der Waffe im Arm. Es sind durchweg große, kräftige, junge SS-Männer. Ihr Anblick vermittelt nicht gerade den Eindruck, als ob sie noch von irgendwelcher Kampfeslust beseelt seien, sondern eher den einer passiven Ergebenheit in ihr Schicksal. Dieser Eindruck verstärkt sich in den folgenden Tagen hinauf bis zu vielen höheren Führungsstellen.

Endlich sind wir am Ziel. Es ist wieder ein schmaler, muffiger Bunkerraum, in dem Schreiber, Zeichner und Ordonnanzen dicht beieinandersitzen. General Krebs ist mit von Freytag-Loringhoven zum Vortrag bei Hitler. Ich muß warten und habe Zeit, den einmal lauter berstenden, einmal leiser rollenden Einschlägen der russischen Artillerie irgendwo im Zentrum der Stadt zu lauschen und meinen Gedanken nachzuhängen, die eigentlich nur um eine einzige Frage kreisen: Wie lange wird das hier noch dauern, wie wird das Ende sein?

Die Zeit schleicht. Aber schließlich kommt Freytag. Er wirkt in dem niederen Raum noch größer. Als er mich sieht, huscht ein Lächeln über sein Gesicht. Ich melde mich bei ihm vorschriftsmäßig zur Stelle. Da gibt er mir die Hand und sagt: »Das Formelle wollen wir jetzt fallenlassen. Das hat doch wohl keinen Sinn mehr.« Nach einer Pause setzt er hinzu: »Ja, mein Lieber, mitgefangen, mitgehangen. Komm mal mit, ich will dich gleich in dein Arbeitsgebiet einführen, der General wird doch noch nicht gleich zurück sein.« Wir gehen durch einen nett eingerichteten Bunkerraum, in dem General Burgdorf mit seinem Adjutanten, dem Oberstleutnant Weiß, wohnt. Unser Bunker ist von diesem nur durch eine dünne Stahltür getrennt. Links neben der Tür unseres Domizils stehen zwei übereinandergestellte Betten, gegenüber zwei Schreibtische für uns. Ein großer Vorhang teilt den Raum in zwei Hälften, von denen die hinter dem Vorhang von General Krebs bewohnt wird. Die Wände sind graue, nackte Betonwände wie in den anderen Bunkern auch. Nachdem ich meine Sachen abgelegt und eingeordnet habe, beginnt meine Einweisung durch von Freytag-Loringhoven. Meine Aufgabe hier im Bunker soll sein, die militärische Lage in und um Berlin und Potsdam stündlich aufzunehmen und zum Vortrag vorzubereiten. Bernd – ich nenne von Freytag-Loringhoven in dieser Stunde beim Vornamen – bearbeitet selbst das übrige Kriegsgebiet, in dem noch deutsche Soldaten kämpfen. Dann informiert er mich über die militärischen Entwicklungen der letzten vierundzwanzig Stunden.

Im Raum südlich Berlins stoßen die Russen von Jüterbog aus in Richtung Wittenberg vor. Der russische Stoßkeil, der gestern etwa die Linie Treuenbrietzen–Beelitz–Teltow erreicht hatte, ist weiter vorangekommen bis südlich Potsdams und südostwärts Brandenburgs. Das Gros der 9. Armee steht immer noch im Raum Lübben–Guben–Frankfurt/Oder–Fürstenwalde. Am Teltowkanal, im Süden Berlins, wird gekämpft. Im Osten und Nordosten der Stadt sind überall Kämpfe in den Vororten im Gange. Der russische Einbruch an der Prenzlauer Allee konnte abgeriegelt werden. Eine Stellung an der Havel wird von uns noch gehalten, aber wie lange?

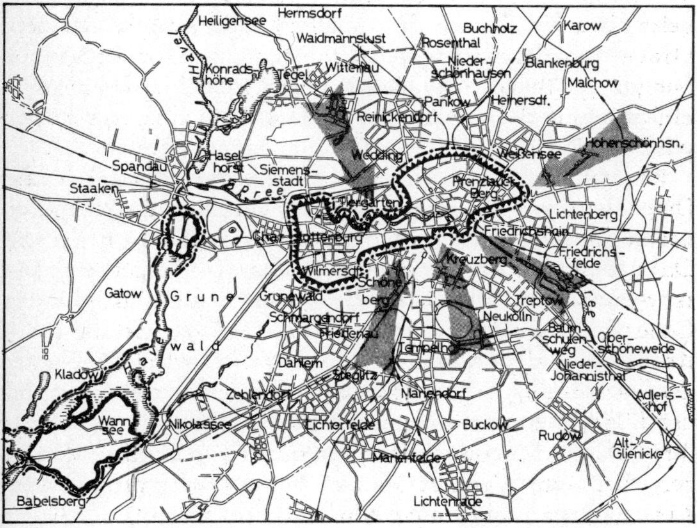


*Ende April 1945: Der Kampf geht seinem Ende entgegen. Von deutschen Truppen werden noch der Stadtkern, das Wannseegebiet und die Spandauer Brücken verteidigt.*

Der bisherige Kampfkommandant Berlins, General Reimann, wurde heute von Hitler abgelöst und durch den 27-jährigen Oberstleutnant und Träger des Ritterkreuzes mit Eichenlaub und Schwertern, Bärenfänger, ersetzt. Reimann war Hitler, vor allem aber Goebbels in dieser Situation nicht hart genug und mit zu vielen Skrupeln behaftet. Die ursprüngliche Einteilung des Großraumes Berlin in drei Verteidigungszonen, noch durch den General Reimann, ist bereits überholt. In den drei Verteidigungslinien »Berliner Ring« mit rund 120 Kilometer Länge, der Verteidigungslinie entlang der Berliner Stadtgrenze mit rund 90 Kilometer Frontlänge und der Verteidigungszone entlang des Berliner Stadtbahnringes mit einer Ausdehnung von 50 bis 60 Kilometern hatte die Bevölkerung zwar bereits vor dem Angriff der Russen am 16. April geschanzt und Sperren errichtet, sie hatten der Roten Armee aber, wo sie bereits auf diese Verteidigungszonen stieß, keine nennenswerten Schwierigkeiten bereiten können. Es gibt nur noch eine einzige freie Straße nach Nordwesten, über Nauen, als letzten Verbindungsweg mit der Außenwelt. Man rechnet damit, daß die Einkesselung Berlins morgen, also am 24. April, perfekt sein wird.

Die 12. Armee des Generals Wenck befindet sich in der Umgruppierung zum Frontwechsel von Westen im Kampf gegen die Amerikaner nach Osten gegen die Rote Armee. Das nördlichste Korps der Armee, das XII. Panzerkorps unter dem General Holste, hält mit schwachen Kräften in der Gegend von Rathenow und Plaue. Das XX., das südlichste Korps unter dem General Köhler, das mit drei Divisionen der kampffähigste Verband der Armee ist, steht westlich der Linie Wittenberg–Belzig. Diese Armee, die auf Grund ihres Mannschaftsbestandes, ihrer Ausrüstung mit Fahrzeugen, Panzern, Geschützen und Nachrichtenmitteln keine Armee im herkömmlichen Sinne ist, soll Berlin, nach Vereinigung mit den noch im Raume westlich Frankfurt und an der Oder stehenden Teilen der 9. Armee, wieder freikämpfen. In Berlin selbst stehen zur Verteidigung noch das

56. Panzerkorps, das sich unter General Weidling von der Oder zurückgekämpft hat, aber außerordentlich erschöpft ist, sowie Reste aufgeriebener und zerschlagener Divisionen von der Oderfront, Flakeinheiten und Volkssturm. Die Masse der Verteidigungskräfte jedoch stellt der äußerst mangelhaft ausgerüstete Volkssturm, dem kaum eine nennenswerte Kampfkraft beizumessen ist. An Artillerie ist auf der 120 Kilometer langen Front kaum etwas vorhanden, ebenso fehlt es völlig an Munitionsreserven für die noch vorhandenen Geschütze. Wahrscheinlich soll der Mangel an Soldaten in den nächsten Tagen durch die Hitlerjugend ausgeglichen werden. In der Stadt selbst befinden sich noch ungefähr zwei Millionen Zivilisten. In Potsdam steht ein weiteres schwaches Korps mit zwei Divisionen, dessen Führung General Reimann heute übernommen hat. An Panzern sind im gesamten Stadtbereich noch etwa 40 bis 50 vorhanden. Demgegenüber beträgt die Streitmacht der Russen vier Armeen mit einigen tausend Panzern und gepanzerten Fahrzeugen!

»Wie lange wird der Kampf hier wohl noch dauern?« frage ich ihn.

Seine Antwort kommt so prompt, als ob er die Frage erwartet hätte: »Acht, allerhöchstens zehn Tage.«

»Und was hältst du von der Armee Wenck?«

»Nichts, gar nichts, denn mit den Kräften und der mangelhaften Ausrüstung ist es völlig ausgeschlossen, entscheidend auf den Ablauf der Großkampfhandlungen einzuwirken.«

»Gibt es also deiner Meinung nach keinen Hoffnungsschimmer mehr?«

»Nein, nur die Möglichkeit, das Ende dieses Kampfes um Berlin für ein paar Tage aufzuschieben. – Ja«, fügt er bitter hinzu, »es gäbe vielleicht doch eine Möglichkeit, wenn Hitler nicht wäre. Stell dir vor, Hitler will noch angreifen, seinen Plan, die Oderlinie später im Angriff zurückzugewinnen, hat er immer noch nicht ganz aufgegeben!«

Obwohl Hitler doch schon zugegeben hat, daß der Krieg

restlos verloren ist, scheint er noch keine Ahnung von dem zu haben, was draußen wirklich vorgeht. Ebensowenig, wie er sich früher an der Front sehen ließ, hat er seit seinem Einzug in Berlin im Januar die Reichskanzlei kein einziges Mal verlassen, um sich in der Stadt persönlich davon zu überzeugen, wie die Dinge liegen. Es wäre für ihn eine Kleinigkeit gewesen, die Angelegenheit einer Stunde, aber er will nicht. Er will nicht, daß seine imaginäre Vorstellungswelt durch die Wirklichkeit zerstört wird. Findet einer aus seiner Umgebung einmal den Mut, die Wahrheit zu sagen und an seinem phantastischen, wirklichkeitsfernen Gebäude zu rütteln, fängt er an zu toben. Draußen löst sich das deutsche Heer und jede staatliche Ordnung auf, aber Hitler gibt noch immer nicht auf, er will noch angreifen. Er, Bormann und Goebbels haben befohlen, Soldaten und Volkssturmmänner, die zurückgehen und nicht an den Sieg glauben, aufzuhängen.

Seit heute morgen geht auf die Berliner und die, die noch in der Stadt leben und kämpfen, eine Flut von Aufrufen, Befehlen und Appellen in Form von Anschlägen, Flugblättern und Bekanntmachungen durch Lautsprecher aus der Küche Bormanns und Goebbels' nieder. Es ist nicht zu fassen, aber nach seinem gestrigen Zusammenbruch scheint Hitler sich seit gestern abend doch wieder an irgendeine Hoffnung zu klammern. Ob es nun die in seiner Phantasie bestehenden Angriffe Steiners, Holstes, Wencks, Schörners und Busses sind, die ihn beflügelt haben, das eingeschlossene Berlin mit seinen Menschen der Vernichtung preiszugeben, oder die heiligen Versprechungen Keitels und Jodls, die ihn mit einer eigentlich nicht zu begreifenden Hoffnung erfüllt haben. – Oder ist es einfach nur die Verantwortungslosigkeit und Feigheit dieses Mannes vor dem persönlichen Ende?

Seit heute morgen sind aus den in Berlin bestehenden Dienststellen der Gestapo, des Sicherheitsdienstes, der Feldgendarmerie, der Polizei und den politischen Ämtern »fliegende« Standgerichte zusammengestellt worden, die ein rechtloses und furchtbares Regiment in der Stadt führen. Es sind Fanatiker und geistig Minderbemittelte, die sich zu willigen Werkzeugen der Befehle und Aufrufe von Goebbels und Bormann haben machen lassen. Den durch ihre Willkür Erhängten werden Schilder um den Hals gebunden, auf denen zu lesen steht, sie seien Feiglinge oder Verräter! Hunderte von Soldaten und Offizieren, viele mit hohen Tapferkeitsauszeichnungen, sogar Generale, die das sinnlose Morden und Vernichten einfach nicht mehr verstehen oder es nicht mehr mitmachen wollen, werden an Bäumen, an Laternenpfählen oder in Ruinen aufgehängt. Oftmals sind es nur Kurzschlußreaktionen der Betroffenen oder nicht schnell genug zu klärende Mißverständnisse, die innerhalb weniger Minuten für sie zum Strang führen.

Bernd fährt fort, mir die Örtlichkeiten und die Gesellschaft, in der wir uns nun hier befinden, zu erklären.

Im Bunker, der im Garten der Reichskanzlei liegt, stehen Hitler ein Arbeits- und Schlafzimmer sowie zwei Wohnräume und ein Bad zur Verfügung. Unmittelbar neben dieser Wohnung ist der mir bereits bekannte Karten- und zugleich Konferenzraum. Der vor diesen Räumen liegende Flur dient als Vorzimmer bei den Lagebesprechungen im Karten- und Konferenzzimmer. Außerdem beherbergt dieses unterste Stockwerk des »Führerbunkers« in einem kleinen Raum noch »Blondi«, die Schäferhündin Hitlers, mit ihren vier Jungen. Etliche Stufen höher befinden sich dann etwa 18 mehr oder minder kleine Räume und Gänge, in denen eine Telefonzentrale, eine Stromanlage, Dr. Stumpfegger, der Chirurg Hitlers, in zwei Räumen, Dr. Goebbels in zwei Räumen sowie Wachmannschaften und persönliche Bedienstete Hitlers untergebracht sind. In dem höher gelegenen Stockwerk bewohnt Frau Goebbels mit ihren fünf Kindern vier Räume. Hier befinden sich außerdem die Küche und das Eßzimmer, sind Hitlers Diätköchin, Fräulein Manzialy, sowie weitere persönliche Adjutanten, Diener und Ordonnanzen Hitlers untergebracht.

Diese gesamte Anlage, die erst 1944 in Angriff genommen wurde, ist mit der Außenwelt durch einen Luftschacht mit

24.25. Viel zu spät und oft Hals über Kopf begaben sich Millionen Deutscher aus den Ostgebieten auf den Treck *(oben)*. Viele dieser Elendszüge wurden von sowjetischen Truppen eingeholt und zusammengewalzt *(unten)*.

26.–29. Die große Angst vor der nachrückenden Roten Armee, das war das beherrschende Thema jener Tage. Hatte nicht das Verhalten der Rotarmisten die unglaublichsten Greuel-Behauptungen des Dr. Josef Göbbels bestätigt? Ende 1944 waren die Sowjets zum erstenmal nach Ostpreußen eingedrungen. Was sie an Zivilisten vorfanden, wurde erschlagen, vergewaltigt, entmannt, wie z. B. im zurückeroberten Nemmersdorf *(links und rechts oben)*.

30. Dieser sowjetische Panzer vom Typ T 34 flog zusammen mit einer von deutschen Nachhuten gesprengten Brücke in die Luft.

Ventilatoren, dem Treppenhaus, das in den Garten führt, und einen Gang zu den übrigen Bunkerräumen unter der Reichskanzlei, die wesentlich höher liegen als dieser Führerbunker, verbunden.

Am Ende des Ganges befindet sich das Pressebüro von Heinz Lorenz, dem Vertreter des Reichspressechefs vom Propagandaministerium. Hier hat auch Bormann seine Wohnung und Sekretariatsräume, in denen sein persönlicher Berater, der Standartenführer Zander, und die Sekretärinnen untergebracht sind. In den anschließenden Räumen sind Fegelein, Oberst von Below, Admiral Voß, Botschafter Hewel, Hitlers Heeresadjutant Major Johannmeier, Hitlers Flugzeugführer Baur und der zweite Flugzeugführer Beetz sowie Goebbels' Vertreter im Propagandaministerium, Dr. Naumann, untergebracht. Der Brigadeführer Albrecht wohnt zusammen mit seinem Halbbruder, Standartenführer Zander, in einem Raum. Außerdem wohnen in diesem Komplex noch die Privatsekretärinnen Hitlers sowie einige Nachrichtenhelferinnen. Etwas abgesetzt hiervon ist die kleine Wehrmachtsnachrichtenstelle sowie der Wohnraum General Burgdorfs mit seinem Adjutanten, Oberstleutnant Weiß, und unser Raum, den wir mit General Krebs teilen.

Insgesamt befinden sich in den Bunkern, einschließlich der Wachen, Ordonnanzen, Schreiber, des Küchen- und sonstigen Dienstpersonals sowie einer SS-Truppeneinheit in den Kellerräumen unter der Kanzlei 600 bis 700 Menschen.

Botschafter Hewel ist der ständige Vertreter des Außenministeriums bei Hitler, ein gutmütiger, etwas korpulenter und nicht über den Durchschnitt begabter Diplomat, der völlig unter dem Einfluß Hitlers steht. Er hatte lange Zeit als Diplomat auf Java gelebt, von wo ihn Hitler nach der Machtübernahme zurückholte. Er hatte keinen leichten Stand, denn Hitler empfing seine besten Berufsdiplomaten, Botschafter und Gesandten beinahe nie mehr, sondern betrachtete sie als defätistische Schlappstiefel, die alles durch die Brille des Auslandes sahen. Ihre warnenden Berichte schlug er in den Wind, soweit er sie überhaupt las. Bezeichnend ist, wie er die Dienste seines Botschafters in Moskau, Graf von der Schulenburg, belohnte: Schulenburg hatte wiederholt vor einem Krieg mit der Sowjetunion gewarnt und sich am 25. April 1941 noch einmal persönlich bei Hitler melden lassen, um ihn von dem Krieg gegen Rußland abzubringen. Schulenburg wurde nach dem Attentat vom 20. Juli 1944 hingerichtet, obwohl seine Beteiligung an der Verschwörung nicht einmal erwiesen war.

Hewel beteiligte sich nach Hitlers Tod am gewaltsamen Ausbruch aus der Reichskanzlei und fiel in den Straßen Berlins.

Admiral Voß ist der Vertreter des Großadmirals an Stelle des Admirals von Puttkamer, der diesen Posten seit 1934 bekleidete, am Tage zuvor aber nach Berchtesgaden beordert worden war. Major Johannmeier ist der Nachfolger des Heeresadjutanten Oberstleutnant i. G. Borgmann, der vor einigen Wochen auf der Fahrt zur Übernahme einer Division im Westen durch Tieffliegerbeschuß fiel.

In den Nachmittagsstunden dieses 23. April war, wie ich erst jetzt in der Nacht erfuhr, bei Hitler ein Funkspruch des Reichsmarschalls Göring eingegangen. Der Inhalt dieses Spruchs besagte, daß er, Göring, davon unterrichtet worden sei, daß Hitler in Berlin auf Grund der militärischen Entwicklung seiner Handlungsfreiheit als Staatsoberhaupt beraubt sei und daher ihm, Göring, auf Grund des Erlasses vom 29. Juni 1941 die Führung des Staates und der Wehrmacht mit sämtlichen Vollmachten übertragen sei. Falls er von Hitler bis 22 Uhr dieses 23. April keine gegenteilige Nachricht erhalte, sehe er diesen Umstand als gegeben an. Um zu vermeiden, daß dieser Funkspruch, bevor ihn Hitler zu Gesicht bekäme, durch Bormanns Hände in der Reichskanzlei liefe, hatte Göring mehrere gleichlautende Funksprüche an Hitler, seinen Verbindungsoffizier in der Reichskanzlei, Oberst von Below, und Generalfeldmarschall Keitel gesandt. Aber gerade das, was verhindert werden sollte, trat ein. Bormann bekam den Funkspruch Görings als erster in die Hände und hatte nichts Eiligers zu tun, als ihn Hitler mit dem Bemerken, daß es sich hierbei eindeutig um ein Ultimatum und um Hochverrat handle, sofort vorzulegen. Trotzdem Görings Funkspruch alles andere als ein Ultimatum war, verstand es Bormann, der Göring haßte und vor Ergebenheit gegenüber Hitler troff, diesen Funkspruch, der in seiner ganzen Fassung kaum mehr als eine Anfrage war, Hitler als Hochverrat und Ultimatum einzureden. Das Ergebnis dieser Bormannschen Intrige war, daß Göring noch am gleichen Abend durch Funkspruch von Hitler seiner sämtlichen Ämter und Posten enthoben, aus der Partei ausgestoßen und degradiert wurde. Außerdem wurde auf Bormanns Betreiben veranlaßt, daß Göring durch die SS sofort verhaftet und inhaftiert werde.

Reichsminister Speer, Keitel und Jodl, die an diesem Nachmittag das letzte Mal bei Hitler waren, um ihm über das Ergebnis ihrer Erkundungsfahrten an die Front zu berichten, waren Zeuge Hitlers erregter Reaktionen auf den Göringschen Funkspruch und des teuflischen Intrigenspiels Bormanns.

Als Nachfolger Görings, in seiner Eigenschaft als Oberbefehlshaber der Luftwaffe, wurde Hitler von General Burgdorf der Befehlshaber der Luftflotte 6 in München, Generaloberst Ritter von Greim, empfohlen. Anstatt nun Greim durch Funkspruch von dieser Entscheidung zu unterrichten, wurde er, ohne Angabe von Gründen, zur Meldung in die Reichskanzlei befohlen.

Nachdem ich mich notdürftig eingerichtet hatte, machte ich mich an die Arbeit. Die Karte für den Morgenvortrag bei Hitler mußte vorbereitet werden. Meine Arbeit wurde nun dadurch sehr erschwert, daß der Kampfkommandant Berlins während der wenigen Kampftage bereits dreimal gewechselt hatte, was jeweils wiederum auch eine Änderung der Organisation des Befehlsapparates nach sich gezogen hatte. Nachdem General Reimann auf Betreiben Goebbels' abgelöst worden war, hatte man den Posten des Kampfkommandanten Berlins einem Oberstleutnant Kaether übertragen. Da dieser aber durch Verwundung ausfiel, ging das Kommando unmittelbar darauf an den Oberstleutnant Bärenfänger. Kaether, der uns allen unbekannt war, war wohl ein »Mann von Goebbels«. Er soll dem Vernehmen nach fanatischer Nationalsozialist sein. Ich half mir selber, indem ich meine Lageorientierungen telefonisch bei den acht Kommandanten der acht Kampfabschnitte der Stadt selbst holte und nicht bei der Zentrale des Kampfkommandanten des gesamten Verteidigungsbereiches Berlin. Gegen 2 Uhr nachts war ich endlich mit der Arbeit fertig. Von den einzelnen Abschnitten war gegen Abend abflauende Kampftätigkeit und mit Einbruch der Nacht fast völlige Kampfruhe gemeldet worden.

Gegen 5.30 Uhr morgens wurde ich etwas unsanft durch fünf oder sechs Einschläge schwerer russischer Granaten in unmittelbarer Nähe der Reichskanzlei aus dem Schlummer gerüttelt. Gegen 6 Uhr kamen die Einschläge wieder regelmäßig alle drei Minuten wie auch am Vortage. Ich war noch nicht fertig angezogen, als sich Günsche, der persönliche SS-Adjutant Hitlers, bei mir meldete, um sich für Hitler und in dessen Auftrag über die neuesten Entwicklungen unterrichten zu lassen. Etwas später rief ich die Generalstabsoffiziere der Abschnitte Berlins und des Korps in Potsdam an. Bei allen die gleiche Lage: Der Russe griff mit Beginn der Morgendämmerung nach etwa einstündiger Artillerievorbereitung überall an. Wenige Stunden später erreichte uns die Nachricht, daß die letzte freie Ausfallstraße nach Nordwesten über Nauen nun auch von russischen Truppen bedroht sei. Im Kusselgelände zwischen Döberitz und Dallgow waren russische Panzer aufgetaucht. Damit war Berlin so gut wie vollständig eingeschlossen. Ein unterirdisches Telefonkabel verband uns noch mit der Außenwelt. Diese Verbindung blieb bis zum 28. April, morgens 5 Uhr, intakt. Über diese Leitung telefonierte Bernd mit dem OKW, das in den späten Abendstunden des 23. April durch Ausweichen nach Fürstenberg, 60 bis 70 Kilometer nordnordwestlich

Berlins, verlagert hatte und gerade noch der Gefangennahme entgangen war. Von dort erfuhr er auch Einzelheiten über die Kampflage im Norden und Süden Deutschlands, in Böhmen, Kurland und an der Weichselmündung. Nachdem Bernd und ich General Krebs die Lage vorgetragen hatten und die Aufzeichnungen in unseren Karten noch einmal geprüft worden waren, gingen wir, kurz vor 10.30 Uhr, zu dritt zum Führerbunker.

Wegen der schweren Bombenschäden führte uns unser Weg durch die Bunkergarage, die durch die Hebebühne mit der Voßstraße verbunden war, und durch mehrere Gänge, die in den langen Gang unter dem Innenhof einmündeten. Die dünne Betondecke war hier durch frühere Bombenangriffe an mehreren Stellen gerissen, und in dem schlecht erleuchteten Gang stand das Wasser fußtief. Wir mußten auf schwankenden Brettern balancieren. Weiter ging es dann durch die Aufwaschküche und zwei Frühstücksräume für die Mannschaften hinunter zum Führerbunker. Der Weg dauerte etwa fünf Minuten. Während dieser Zeit wurden wir an nicht weniger als sechs verschiedenen Stellen von Doppel- oder dreifachen Posten, die mit Maschinenkarabinern und Handgranaten bewaffnet waren, kontrolliert. In den Frühstücksräumen saßen an langen Tischen SS-Offiziere und Unteroffiziere, die Schnaps und Bohnenkaffee tranken und große Platten mit belegten Broten vor sich hatten. Wir Offiziere des Heeres wurden von diesen Herren kaum eines Grußes gewürdigt. Im Vorraum zum Konferenzzimmer des Führerbunkers empfing uns SS-Sturmbannführer Otto Günsche. Hitler sei sogleich mit dem Frühstück fertig, wir möchten uns noch einen Augenblick gedulden. In dem breiten Gang, der zum Vorraum des Konferenzzimmers des Führerbunkers führte, standen ebenfalls fünf schwerbewaffnete SS-Offiziere der Begleitkommandos. Ich mußte daran denken, wie gestern droben in der Voßstraße kein einziger Posten zu sehen war. Wo stand denn der Gegner? In den Straßen Berlins oder hier unten im Führerbunker?

Der Vorraum war etwa drei mal sieben Meter groß. An

der rechten Längsseite befand sich eine braune Bank, über der sechs kleinere Gemälde, ältere Italiener, hingen. Vor der Mitte der gegenüberliegenden Wand stand ein Tisch mit Bank und vier Stühlen im Bauernstil. Rechts davon führte die Tür in den Konferenzraum, links die zu Hitlers Wohnung.

Diese Tür öffnet sich jetzt, und Hitler erscheint, gefolgt von dem hinkenden Goebbels und Bormann. Er drückt Krebs die Hand, begrüßt auch uns durch Handschlag und geht dann die wenigen Schritte zum Konferenzzimmer, auch Lagebunker genannt. Seine Körperhaltung ist noch gebeugter und sein Gang noch schleppender geworden. Das sonst so unnatürliche Flackern seiner Augen ist verschwunden. Seine Gesichtszüge sind gänzlich schlaff, er macht wirklich den Eindruck eines kranken Greises. Krebs stellt sich links neben den sitzenden Hitler, Goebbels ihm gegenüber. Der kleine, hagere Mann ist auch zusammengefallen, sieht blaß und hohlwangig aus. Er stellt nur selten eine Frage, verhält sich meist schweigend und verfolgt den Vortrag auf der Karte genau. Sein Mienenspiel und die sonst so fanatischen Augen verraten Sorge. Als Verteidigungskommissar von Berlin ist er mit seiner Familie an die Stadt gebunden. Jetzt ist er der Gefangene seiner eigenen Propaganda. Die anderen haben wenigstens ihre Familien in Sicherheit gebracht, er aber muß eine Frau und fünf Kinder mit in den Tod nehmen. Ich werde ans Telefon gerufen, um eine Meldung entgegenzunehmen. Als ich zurückkehre, spricht Hitler noch mit Krebs. Goebbels kommt leise hinter dem Tisch hervor auf mich zu und fragt mich flüsternd, was es Neues gäbe. Er scheint selbst nichts Gutes zu erwarten. Flüsternd berichte ich ihm, daß der russische Angriff südlich von Stettin für die dort kämpfende Armee katastrophale Formen anzunehmen droht. Es ist den Russen gelungen, in einem Panzervorstoß aus dem Brückenkopf Gartz, südlich Stettins, nach Westen 50 Kilometer Boden zu gewinnen. Unsere Verteidigung ist dort nur noch sehr schwach.

Krebs hat mit seinem Vortrag geendet. Hitler blickt mich auffordernd und fragend von unten herauf an. Ich zögere, weil ich erst Krebs vortragen lassen will, aber der winkt ab. Ich muß also Hitler selber berichten. Dabei stört mich das starke Wackeln seines Kopfes. Ich muß mich beim Vortrag und Kartenstudium zusammenreißen, um nicht ganz aus dem Konzept zu kommen, wenn er mit seiner zuckenden Hand nach der Karte greift und darauf herumfährt. Als ich geendet habe, sinnt er einen Augenblick vor sich hin, dann wendet er sich mit polternder Stimme an Krebs. Sein Körper ist weit vornübergeneigt, seine Hände umspannen krampfhaft die hölzernen Armlehnen des Stuhles. Er spricht stokkend und in abgerissenen Sätzen: »Der ganze russische Erfolg bei der 3. Panzerarmee ist angesichts des breiten Naturhindernisses der Oder nur auf die Unfähigkeit der dortigen deutschen militärischen Führer zurückzuführen.« Krebs versucht, vorsichtig einzuwenden, daß in diesem ganzen Bereich nur mangelhaft ausgerüstete Alarmeinheiten und Volkssturmverbände stünden, während der Marschall Rokossowski hervorragende russische Elitedivisionen zur Verfügung habe. Auch seien die deutschen Reserven der 3. Panzerarmee unter General von Manteuffel bereits auf den schwerbedrängten rechten Flügel und in die rechte offene Flanke der Armee geworfen oder aber auf Berlin zurückgezogen worden. Aber Hitler weist diese Einwände ärgerlich mit einer Handbewegung zurück: »Der Angriff aus dem Raum nördlich Oranienburgs muß spätestens morgen eingeleitet werden. Die 3. Armee setzt alle verfügbaren Kräfte unter rücksichtsloser Schwächung der nicht angegriffenen Frontabschnitte zu diesem Angriff ein. Es muß gelingen, bis morgen abend die Verbindung mit Berlin vom Norden wiederherzustellen. Lassen Sie das sofort durchgeben.« Er unterstreicht seine Worte mit gestikulierenden Handbewegungen auf der Karte. Bernd geht, um den Befehl durchzugeben. Als Burgdorf, der mittlerweile auch hinzugekommen ist, beiläufig den General der Waffen-SS Steiner als Führer dieses Angriffes nördlich Oranienburgs erwähnt, bekommt Hitler fast einen Wutanfall: »Ich kann diese arroganten, langweiligen, entschlußlosen SS-Führer nicht mehr gebrauchen. Ich will unter keinen Umständen, daß Steiner dort weiter führt.« Er befiehlt, ihm die Angriffsführung sofort wegzunehmen. Steiner war bis vor kurzem Führer des III. germanischen SS-Korps, einer ausgesprochenen Eliteeinheit, in Kurland gewesen, ein Protektionskind der SS und Hitlers. Die Besprechung ist beendet.

Gegen Mittag erreichen uns Meldungen, daß der Druck vom Süden auf die Stadt erheblich zugenommen habe. Knapp eine Stunde später erhalten wir Nachricht, daß der Flughafen Tempelhof unter russischem Artilleriefernfeuer liege und nicht mehr benutzt werden könne. Damit fällt Tempelhof als Flugplatz für die Stadt Berlin aus, und der Flugplatz Gatow muß die gesamte Versorgung aus der Luft übernehmen. Aber schon gegen 17 Uhr meldet auch Flugplatz Gatow Beschuß.

Sowjetische Infanterie war im Buschgelände nördlich Döberitz aufgetaucht. Drei T 34 standen schon an der Straße Berlin–Nauen, der letzten großen Ausfallstraße nach Westen. Seit den Mittagsstunden wurde auf Grund dieser Entwicklung fieberhaft am Ausbau der Ost-West-Achse, auf beiden Seiten der Siegessäule, als Lande- und Startbahn für Flugzeuge gearbeitet. In den Abendstunden verstärkte sich das Artilleriefeuer auf Berlins Zentrum erheblich. Während der vorhergehenden Tage konnte man nur von einem Störfeuer sprechen, das wahrscheinlich von einer einzigen 17,5-Batterie herrührte, die jetzt in kurzen Abständen geschossenen Feuerüberfälle ließen aber darauf schließen, daß die Russen ihre Artillerie bereits in größerem Umfang nachgezogen hatten. Über den Stab der Heeresgruppe Weichsel erreicht uns gegen Abend die Nachricht, daß die 9. Armee in schweren Abwehrkämpfen in der Linie Lübben–Guben–Frankfurt–Fürstenwalde stehe und dadurch die erforderlichen Umorganisationen zum Angriff nach Westen, um Anschluß an die Armee Wenck zu gewinnen, erheblich erschwert würden. – Der Angriffskeil der Russen im Süden

Berlins erreichte die Räume südlich Potsdams und südostwärts Brandenburgs. Von der 12. Armee erhalten wir Nachricht, daß es bisher hier nicht gelungen ist, eine geschlossene Abwehrfront aufzubauen und Truppenteile für den Angriff auf Berlin zusammenzufassen und zu sammeln. Die Verbände des XX. Korps sind hingegen in Kampfgruppen aufgespalten und bekämpfen so die Angriffsspitzen der Russen.

In der Nacht zum 25. April verfügt Hitler die Auflösung des OKH und Eingliederung in das OKW sowie die Zusammenlegung der Stäbe des Generalstabes des Heeres und des Wehrmachtführungsstabes unter Führung Jodls, der damit, wenn auch reichlich spät, sein Ziel erreicht hat.

An diesem 24. erreicht uns in den späten Abendstunden die allerdings nicht bestätigte Nachricht, daß sich bei Ketzin, etwa 15 Kilometer nordwestlich Potsdams, die Angriffsspitzen des Marschalls Konjew aus dem Raum südlich Berlins mit denen des Marschalls Schukow aus dem Raum nördlich Berlins erstmals getroffen haben.

Der abschließende Eindruck über die Kampfhandlungen im Stadtgebiet selbst am Ende des 24. April ist der, daß sich der eigene Widerstand durch die drakonischen Maßnahmen seitens der Standgerichte und der rücksichtslosen Rekrutierungsmaßnahmen durch Goebbels und Bormann am 23. und 24. April doch etwas gefestigt hat. Die Vermutung, daß die Russen ihre Artillerie bereits nachgezogen hätten, fand am folgenden Tage, dem 25. April, ihre Bestätigung. Punkt 5.30 Uhr setzte der bisher schwerste Feuerüberfall der russischen Artillerie auf das Zentrum der Stadt ein und flaute erst nach beinahe einstündiger Dauer wieder zu einem normalen Störfeuer ab. Nach der Morgenmeldung, die nichts Außergewöhnliches brachte, wurden wir kurz vor 10.30 Uhr wieder zum Vortrag bei Hitler befohlen. Als wir im Vorraum eintrafen, warteten dort bereits Bormann und der Pressereferent Lorenz. Nach kurzer Begrüßung begaben wir uns mit Hitler, der dazugetreten war, in den Lageraum zum Vortrag. Ehe Krebs mit seinen Ausführungen beginnen konnte, meldete sich Lorenz und bat ums Wort.

Mit seinen Nachrichtengeräten im Propagandaministerium hatte er in den Morgenstunden von einem neutralen Sender folgendes aufgenommen: Bei der erstmaligen Begegnung amerikanischer und russischer Truppen bei Torgau an der Elbe war es zwischen den Befehlshabern der amerikanischen und russischen Truppenteile zu geringfügigen Meinungsverschiedenheiten über die zu besetzenden Abschnitte gekommen. Die Russen warfen den Amerikanern vor, sie hätten in diesem Bereich die in Jalta getroffenen Abmachungen nicht eingehalten. Aber das war auch alles. Nichts von einem blutigen Ende des Wortgefechts oder dergleichen.

Hitler schien wie elektrisiert, seine Augen glänzten wieder, er lehnte sich in seinem Stuhl zurück.

»Meine Herren, das ist wieder ein ganz eklatanter Beweis für die Uneinigkeit unserer Feinde. Würde das deutsche Volk und die Geschichte mich nicht zum Verbrecher stempeln, wenn ich heute Frieden schließen würde und noch morgen die Möglichkeit bestünde, daß unsere Feinde uneinig werden? Kann nicht täglich, ja, stündlich der Krieg zwischen den Bolschewiken und Angelsachsen um die Beute Deutschland ausbrechen?«

Diese Formulierung fiel mir wieder ein, als ich viel später nach dem Krieg einmal einen Offizier sprach, der an den Kapitulationsverhandlungen in Reims am 6. Mai 1945 teilgenommen hatte. Dieser erzählte mir folgendes: Die deutsche Delegation war schon in Reims eingetroffen. Man wartete noch auf General Eisenhower, um mit den Verhandlungen beginnen zu können. Gleich nach seiner Ankunft ging Eisenhower auf Generaloberst Jodl zu und richtete nach einer kurzen Vorstellung folgende Frage an ihn: »Warum haben Sie 1944 nach der Niederlage von Avranches noch weitergekämpft? Sie mußten doch wissen, daß der Kampf zumindest von diesem Zeitpunkt ab klar für uns entschieden war?«

Darauf entgegnete Jodl: »Hitler und ich waren der Ansicht, daß unsere Gegner sich um die Beute Deutschland und aus ideologischen Gründen entzweien würden.«

Als Hitler geendet hatte, wandte er sich wieder Krebs zu. Im Laufe des Vortrags erkundigte er sich mehrere Male nach dem Verbleib der Truppen des Generals Wenck und nach den Erfolgen des befohlenen Angriffs der 3. Armee von Norden her auf Berlin. Aber von beiden Unternehmungen fehlten noch jegliche Meldungen.

An diesem Tage traten auch erstmals Störungen in der Telefonverbindung zur Außenwelt auf. Die Funkverbindung klappte noch nicht, so daß wir stundenlang ohne Nachrichten von außerhalb blieben. Der Artillerieeinsatz der Russen nahm beinahe stündlich zu. In den Nachmittagsstunden lagen die ersten Volltreffer schwerer russischer Granaten auf dem Gelände der Reichskanzlei. Eine Viertelstunde lang mußten die Ventilatoren abgestellt werden, weil sie an Stelle frischer Luft Schwefelgestank, Rauch und Kalkstaub in das Innere des Bunkers saugten. In den Nachmittagsstunden und frühen Abendstunden dieses 25. April jagte eine Hiobsbotschaft die andere.

Das OKW meldete am Nachmittag aus Fürstenberg den fast vollständigen Zusammenbruch der Oderfront zwischen Gartz und Stettin. Starke Panzerverbände des Marschalls Rokossowski waren in breiter Front von der Oder aus weit nach Westen, mit Stoßrichtung auf Neustrelitz und Neubrandenburg, vorgedrungen.

Der von Hitler befohlene Entsatzangriff auf Berlin von Norden, aus dem Raum nördlich Oranienburgs, hatte zwar etwa 2 Kilometer Raum gewinnen und einen kleineren Brükkenkopf südlich des Ruppiner Kanals bilden können, war dann aber unter schwersten Verlusten gegen eine erdrükkende feindliche Übermacht hoffnungslos liegengeblieben.

Von der 12. Armee wurden starke feindliche Angriffe gegen die Linie Wittenberg–Treuenbrietzen gemeldet. Das Armeeoberkommando meldete in den ersten Morgenstunden die geglückte Versammlung von drei Divisionen des XX. Korps unter General Köhler im Raum südwestlich der Linie Niemegk–Belzig. Die starken russischen Angriffe störten diese Bewegungen jedoch erheblich. Absicht der Armee war es, aus dem Versammlungsraum heraus mit den drei Divisionen in geballter Form in Richtung Beelitz–Trebbin, also der 9. Armee entgegen, anzugreifen. Seit dieser Meldung und Information fehlten wieder jegliche Nachrichten der 12. Armee.

Der russische Druck im Raum westlich Berlins nach Westen hatte stark zugenommen. So drückte der Russe mit starken Kräften aus dem Raum Nauen in Richtung auf Rathenow. Damit rückten wir in Berlin immer weiter in das »russische Hinterland« hinein. Gegen 18 Uhr sank dann bei vielen im Bunker der Reichskanzlei das Stimmungsbarometer auf den Nullpunkt, als bekannt wurde, daß die russischen Spitzen in den südlichen Stadtteilen Berlins bis nach Zehlendorf hinein und tief in Neukölln eingedrungen waren. Am Teltowkanal, südlich Dahlem, waren Kämpfe im Gange. Fahrzeuge einer russischen Aufklärungsgruppe erschienen allerdings nur kurzfristig auf dem Flugplatz Gatow. Die 2000 Mann der benachbarten Luftkriegsschule Kladow verschanzten sich im Bereich der Schule. Damit war der Flugplatz Gatow praktisch ausgefallen. Hitler ordnete an, daß Berlin über Nacht durch Versorgungsbomben aus der Luft versorgt werden solle.

Als wir gegen 19 Uhr zu einer Zwischenorientierung zu ihm befohlen wurden, machte er einen sehr niedergeschlagenen Eindruck. Sogar die Tatsache, daß Steiner in Nichtbefolgung seines ausdrücklichen Befehls den Angriff nördlich Oranienburgs geleitet hatte, brachte ihn nicht, wie wir eigentlich erwartet hatten, zu einem seiner berüchtigten Temperamentsausbrüche. Er meinte nur mit müder Stimme: »Ich habe es Ihnen ja gesagt, unter Steiners Führung wird aus dem ganzen Angriff nichts.«

Da der russische Angriff bei Spandau die Verteidigung im Westen Berlins am unmittelbarsten bedrohte, erhielt Reichsjugendführer Axmann den Befehl, die Hitlerjugend zu mobilisieren und an dieser Stelle in Übereinstimmung mit dem zuständigen militärischen Befehlshaber geschlossen einzusetzen. Die Spandauer Havelbrücken bei Pichelsberg sollten unter allen Umständen gehalten werden. Dies wurde als die Hauptaufgabe der Hitlerjugend im Kampf um Berlin bezeichnet. Reichsjugendführer Axmann hatte während des Kampfes in und um Berlin das Gebäude der Reichsjugendführung am Adolf-Hitler-Platz verlassen und seinen Befehlsstand nahe der Reichskanzlei in der Wilhelmstraße aufgeschlagen. Er erschien täglich zur Berichterstattung oder zur Lageorientierung in der Reichskanzlei. Als die Jungen in den darauffolgenden Tagen in einen aussichtslosen Kampf gehetzt wurden, war er fast ununterbrochen bei ihnen.

Die Meldungen über die rasche Verschlechterung unserer Lage verbreiteten sich im Bunker natürlich wie ein Lauffeuer. SS-Führer des Begleitkommandos Hitlers, die uns vorher kaum beachtet oder nur von oben herab behandelt hatten, waren mit einemmal die Freundlichkeit selbst. Bernd und ich konnten uns kaum vor den vielen Fragestellern retten, die uns beinahe an jeder Ecke des Bunkers anhielten.

»Was meinen Sie, wann Wenck in Berlin sein kann?« – »Werden wir nach Westen ausbrechen?« – »Wie lange können wir uns noch halten?« Jetzt suchten die Trost und Zuversicht, die uns Heeresoffizieren gegenüber immer erhaben und arrogant gewesen waren. Die Frager waren meist Leute, die dem Tod noch niemals ins Auge gesehen und keinerlei Frontbewährung hinter sich hatten. Andere saßen an Tischen, diskutierten laut, tranken oder dämmerten stumpf dem Unbekannten entgegen. Die erzwungene Untätigkeit im Bunker, während die Granaten über unseren Köpfen krepierten, mußte auf sie demoralisierend wirken. Vielen wurde erst an diesem Abend klar, daß der Bunker ihr Grab werden würde. Auf den Gedanken, sich freiwillig zum Kampfeinsatz zu melden, schien allerdings keiner zu kommen.

Ich rief am Abend noch die Stabsoffiziere der einzelnen Kampfabschnitte in der Stadt an und sprach mit ihnen über die Moral der Truppe – etwas, was nicht in den täglichen Meldungen enthalten war. Es war überall das gleiche Bild. Viele der alten Volkssturmmänner, fast ausnahmslos mangelhaft bewaffnet, ausgebildet und ausgerüstet und von der Sinnlosigkeit des Kampfes in ihrer Stadt überzeugt, verließen schon bei schwächeren russischen Annäherungen die Stellungen und versuchten, zu ihren Frauen und Kindern in die Keller ihrer Häuser zu entkommen. Die meisten von ihnen waren dem Aufgebot ja ohnehin nur aus Angst vor den fliegenden Standgerichten der SS und der Feldpolizei gefolgt. Die aktive Truppe kämpfte, soweit sie überhaupt noch vorhanden war, hart, hatte aber kaum noch Munition. Das Schlimmste war, daß sich der Mangel an kampferfahrenen und ausgebildeten Soldaten von Stunde zu Stunde deutlicher bemerkbar machte. Hielt die Front dem Angriff an irgendeiner Stelle stand, so marschierten die Russen an einem anderen, nur schwach oder von Volkssturmeinheiten besetzten Abschnitt fast widerstandslos in den Rücken der noch kämpfenden Soldaten. Schwer zu schaffen machten in allen Abschnitten die Versorgung und die Feuersbrünste in der Stadt. Da es kein Wasser zum Löschen gab, raste das Feuer ungehindert durch ganze Straßenzüge. Nur Ruinen, die nichts Brennbares mehr enthielten, geboten dem Feuer noch Einhalt. Die Überlegenheit der Russen an Material, vor allem an Panzern und Artillerie, war erdrückend. Nur Flugzeuge konnten den Soldaten in dem Mauergewirr nicht soviel anhaben. Ein Offizier berichtet aus einem der südlichen Abschnitte der Stadt, daß ehemalige deutsche Kriegsgefangene, Mitglieder des »Nationalkomitees«, den Russen als Wegführer unschätzbare Dienste leisten. Ich melde alles dem General.

Es war spät geworden, Bernd und ich gingen nach oben ins Freie. Der Kampflärm war fast ganz verstummt, nur vereinzelt waren in größeren Entfernungen einige dumpfe Artillerieeinschläge zu hören. Brände erhellten gespensterhaft die Dunkelheit. Die Luft war rein und kühl, was ich nach dem Bunkeraufenthalt doppelt empfand und genoß. Es war eine Wonne, die Lungen wieder mit frischer Luft zu füllen. Ein weiter, schöner Sternenhimmel wölbte sich über diese schwergeprüfte Stadt. Lange standen wir so nebeneinander und starrten schweigend in die einmal schwächer, einmal stärker werdenden Feuerlohen, bis Bernd sagte: »Du, in wenigen Tagen ist hier alles vorbei. Mit denen da unten im Bunker möchte ich nicht sterben. Ich muß den Kopf frei haben, wenn es soweit ist.« Dann schwieg er wieder, aber das, was er gesagt hatte, lag schwer auf unseren Gedanken. Gegen Mitternacht gingen wir zurück in den Bunker, denn es gab ja noch Berge von Arbeit zu bewältigen.

Gegen 8 Uhr des nächsten Tages, dem 26. April, liefen von mehreren Abschnitten Meldungen über die Luftversorgung ein. Im ersten Morgendämmern hatte eine Gruppe Me 109 mehrere hundert Versorgungsbomben über dem Kern der Stadt abgeworfen. Leider war nur etwa ein Fünftel in dem unübersehbaren Trümmerhaufen gefunden worden. Das bedeutete für die Versorgung der Truppen mit Munition im Verhältnis zum Verbrauch nicht einmal einen Tropfen auf einen heißen Stein. Vor allem fehlte es an Munition für die wenigen noch vorhandenen Panzer und die Artillerie des 56. Panzerkorps. Die Panzer und die geringe Anzahl an Geschützen, die noch zur Verfügung standen, konnten aus Munitionsmangel nicht einmal richtig zum Einsatz gebracht werden. Ein Funkspruch ging daraufhin an das OKW ab. Transportmaschinen sollten auf Biegen oder Brechen auf der Ost-West-Achse landen und Munition in die Stadt einfliegen. Die Lampenmasten und störenden Bäume auf beiden Seiten der breiten Chaussee waren bereits vor einigen Tagen entfernt und so eine ausreichende Rollbahn geschaffen worden. Schon um 9.32 Uhr erhielten wir die Bestätigung, daß zwei Ju 52 mit Panzermunition gestartet waren. Diese Meldung gab ich sofort an die in Frage kommenden Abschnitte durch, um Irrtümer zu verhindern. Gleichzeitig erhielten die Lazarette in der Charité Weisung, 50 Verwundete für den Abtransport in etwa zwei Stunden bereitzuhalten. Um 10.30 Uhr landeten die beiden Maschinen glatt in der Nähe der Siegessäule. Die Wirkung dieses Ereignisses auf uns alle war unbeschreiblich groß. Wir waren ja alle bescheiden geworden, war es doch wenigstens noch der Schein einer Verbindung zur Außenwelt. Um 11 Uhr waren beide Maschinen mit Schwerverwundeten beladen und startklar. Es ging alles in fieberhafter Eile vor sich, galt es doch, die Maschinen keine Sekunde länger als unbedingt notwendig dem Artilleriefeuer auszusetzen. Der Start der ersten Maschine gelang auch ohne Schwierigkeiten. Die zweite Ju 52 aber streifte kurz nach dem Start mit der linken Tragfläche die stehengebliebene Fassade einer Ruine und stürzte ab. Wie ich nachher erfuhr, kamen dabei dank der noch nicht allzu großen Geschwindigkeit und Höhe nicht sämtliche Insassen ums Leben.

Im Südwesten der Stadt war der Russe um 8 Uhr nach starkem Artilleriefeuer am Teltowkanal zwischen Dreilinden und Teltow zum Angriff angetreten. Das Verteidigungssystem war auch hier wieder sehr schnell überrannt worden. Die Stadtteile Machnow, Nikolassee, Zehlendorf, Schlachtensee und Steglitz waren bis zum Abend restlos in russischer Hand. In Neukölln wurde bereits am Südrand des Tempelhofer Flugplatzes gekämpft. Die Absicht der Russen, mit motorisierten Verbänden in die Tiefe des Grunewaldes vorzustoßen, wurde an der Enge zwischen Schlachtensee und der Krummen Lanke vereitelt, aber die hier kämpfenden Divisionen, die 18. und 20. Panzergrenadierdivision, befanden sich in einer verzweifelten Lage.

Von den Kampfabschnitten in den östlichen und nördlichen Stadtteilen waren die Lagemeldungen ebenso verheerend wie die aus den südlichen. Auch hier war der Feind überall nach kurzer, aber sehr heftiger Artillerievorbereitung zum Angriff angetreten. Im Laufe des Tages kam es zu sehr verlustreichen und erbitterten Kämpfen am Stettiner und Görlitzer Bahnhof. Die Stadtteile Weißensee, Reinickendorf und Tegel gingen völlig verloren. Besonders schwerwiegend war ein russischer Vorstoß bis zur Siemensstadt, der erst an der Spree zum Stehen kam. Auch hier waren erbitterte Kämpfe im Gange. Gegen Abend fanden in Charlottenburg bereits die ersten Kämpfe statt.

Da die Meldungen aus den verschiedenen Stadtteilen im-

31. Der »Führer« bei der Begrüßung von 20 bei der Verteidigung Berlins mit dem Eisernen Kreuz ausgezeichneten Hitlerjungen.

32. Eines der letzten Bilder Hitlers zeigt ihn bei der Besichtigung der Bombenschäden in der Reichskanzlei mit seinem Adjutanten Schaub.

33.34. Zusammen mit dem »Reichsjugendführer« Axmann schreitet Adolf Hitler die Front der 20 ausgezeichneten Hitlerjungen ab und begrüßt sie mit Handschlag.

35.36. Solche Hitlerjungen, wie hier der 16jährige Wilhelm Hübner, gehörten zu den letzten Verteidigern Berlins. In einem militärisch zwar sinnlosen Einsatz vernichteten sie jedoch im Nahkampf über 700 sowjetische Panzer (*unten*).

mer unzuverlässiger und widersprechender wurden, gingen wir dazu über, uns aus erster Hand ein Bild von der Lage zu verschaffen. Das noch einigermaßen intakte Telefonnetz der Stadt Berlin wurde für diesen Zweck benutzt. Wir riefen einfach die Telefonnummern von Bekannten in den umkämpften Straßen und Stadtteilen an, oder wählten aufs Geratewohl aus dem Telefonbuch geeignete Adressen und Nummern, die der örtlichen Lage nach unseren Aufklärungswünschen entsprachen. Diese für die oberste deutsche Heerführung reichlich primitive Form der Aufklärung hatte auch tatsächlich den gewünschten Erfolg.

»Verzeihen Sie, gnädige Frau, waren die Russen schon bei Ihnen?«

»Ja«, kam dann öfter, als uns lieb war, die verschüchterte Antwort, »vor einer halben Stunde waren zwei hier. Es waren Leute von etwa einem Dutzend Panzer, die an der Straßenkreuzung standen. Kämpfe haben hier nicht stattgefunden. Vor etwa fünfzehn Minuten konnte ich von meinem Fenster aus beobachten, wie die Panzer in Richtung Ringstraße weiterfuhren.«

Solche Auskünfte genügten mir vollauf. Sie ergaben in ihrer Vielzahl ein ziemlich lückenloses Bild und waren im Ergebnis wesentlich klarer als die teilweise recht verworrenen Meldungen von der Truppe.

## *Das Ende der Selbstzerfleischung*

Als wir gegen 19 Uhr zum Lagevortrag bei Hitler im Vorraum zum Konferenzzimmer erschienen, herrschte unter den Versammelten eine kaum zu beschreibende Unruhe. Generaloberst Ritter von Greim war aus München zur befohlenen Meldung bei Hitler eingetroffen. Der Generaloberst war verwundet und lag auf einer Tragbahre. In seiner Begleitung befand sich die Fliegerin Hanna Reitsch. Noch während der Arzt Greim im Operationszimmer behandelte – Greim war durch Stecksplitter einer russischen Flakgranate am rechten Unterschenkel verwundet –, teilte Hitler ihm den bis dahin unbekannten Grund seines Hierseins mit. Er erläuterte dem Generaloberst wortreich und mit Beschimpfungen gegen Göring gespickt den »Verrat« des Reichsmarschalls, beförderte ihn zum Generalfeldmarschall und ernannte ihn gleichzeitig zum neuen Oberbefehlshaber der Luftwaffe.

Es hat wohl selten einen Menschen gegeben, der durch eine Beförderung und Ernennung so überrascht wurde wie Greim. Nicht nur Anlaß und Umstände dieser Ernennung und Beförderung waren das Sonderbare, sondern auch die Tatsache, daß der Generaloberst wegen dieser Mitteilung aus seiner militärischen Verantwortung herausgerissen und dem Tod oder der Gefangenschaft ausgesetzt wurde. Sein Flug von München nach Rechlin in Mecklenburg war bei der absoluten feindlichen Luftüberlegenheit und unter Berücksichtigung der Tatsache, daß fast nur von Alliierten besetzes Gebiet überflogen werden mußte, mehr als ein Wagnis. Bis zum Flugplatz Berlin-Gatow hatten sie Jagdschutzgeleit, mußten dort auf dem unter Artilleriebeschuß liegenden Flugplatz zwischenlanden. Beim Flug im langsamen Fieseler

Storch von Gatow ins Stadtinnere wurde Greim, der selber am Steuer saß, dann über dem von Russen bereits besetzten Grunewald von russischer Flak beschossen und verwundet. Als Greim am Steuer zusammenbrach, beugte sich die hervorragende Fliegerin Hanna Reitsch über den Generaloberst und landete die Maschine glatt in der Nähe des Brandenburger Tores.

Die Reitsch und Hitler kannten sich, die Begrüßung zwischen beiden war herzlich. Bescheiden hielt sie sich stets bei allen Besprechungen im Hintergrund. In ihrer frischen, lebensbejahenden Art verlangte diese zierliche Frau den hier im Bunker Versammelten uneingeschränkte Achtung ab. In fürsorglicher Voraussicht gab ihr Hitler zwei Tage später eine Giftampulle. Sie antwortete ihm nur mit einem Lächeln, in dem eine unendliche menschliche Überlegenheit lag.

Auf dem Rückweg von der Lagebesprechung in unseren Wohn- und Arbeitsraum begegneten wir Frau Goebbels. Ebensowenig wie Hanna Reitsch verriet auch Frau Magda Goebbels während dieser letzten Tage das geringste Zeichen von Furcht vor dem bevorstehenden Ende. Das ist wohl nur verständlich, wenn man ihren fanatischen, ja geradezu religiösen Glauben an Hitler berücksichtigt. Wieviel davon noch echt war, vermag wohl nie ein Mensch zu sagen. Hitlers tragische Macht über das deutsche Volk war ja nicht zuletzt auf jenen hypnotischen Einfluß begründet, den er ganz besonders auf Frauen hatte.

Nachdem Generaloberst Jodl gegen 18 Uhr von Fürstenberg aus mit Hitler, Krebs und Burgdorf eingehend die Lage besprochen hatte – es war das letzte Gespräch, das Jodl mit der Reichskanzlei führte –, hatte Bernd um 20.30 Uhr nochmals eine Lageorientierung aus dem OKW erhalten. Nach letzten aufgefangenen Funkmeldungen sollten die Spitzen der aus dem Raume Frankfurt an der Oder angreifenden 9. Armee südlich Berlins die Straße Zossen–Baruth überschritten haben. Der Angriff der 12. Armee machte gegen hartnäckigen feindlichen Widerstand im Waldgelände Beelitz nur geringe Fortschritte. Ob mit einem Erfolg zu rechnen sein würde, mußten die nächsten 24 Stunden zeigen. Vom Korps Holste und vom »Angriff« Steiners bei Oranienburg lagen keine neuen Meldungen vor, jedoch war der russische Angriff südlich Stettins bei der 3. Panzerarmee in Richtung Neubrandenburg und Neustrelitz gelungen.

Gegen 23 Uhr wurden wir nochmals zu einer Abendorientierung befohlen. Im Raum hinter der Aufwaschküche begegnete Bernd dem Oberstleutnant Weiß, der gerade vom Führerbunker kam. Ich blieb an der Tür der Aufwaschküche stehen und wurde unfreiwilliger Zeuge eines Gesprächs zwischen Frauen aus der Küche und einigen SS-Männern. Die Frauen, echte Berlinerinnen, schütteten Hohn und Spott über die Bunkersoldaten aus: »Mensch, wenn ihr nicht bald eure Knarren nehmt und kämpft, binden wir euch die Schürzen um und gehen selbst 'raus. Ihr solltet euch was schämen, seht euch die Kinder da draußen an, die russische Panzer knacken ...«

Im Vorraum zum Lagebunker wartete General Weidling, der Kommandierende des 56. Panzerkorps. Trotz seiner 55 Jahre machte er einen frischen Eindruck. Er war Träger sehr hoher Tapferkeitsauszeichnungen. Bernd erzählte mir, daß er Kampfkommandant von Berlin werden sollte. Das hatte ihm eben der Oberstleutnant berichtet. Seit dem 23. April hatten junge, nationalsozialistisch begeisterte Offiziere diesen Posten bekleidet, aber sie hatten den militärischen Anforderungen nicht genügt und waren der Lage in Berlin nicht gewachsen; aus diesem Grund war endlich der Entschluß gefaßt worden, einen erfahrenen General zu holen. Weidling besaß Verantwortungsgefühl genug, um seine Ernennung nicht so ohne weiteres anzunehmen. Als Hitler ihm den Auftrag erteilte, die militärisch völlig verfahrene Lage in Berlin zu übernehmen, willigte er nur unter der einen Bedingung ein, daß ihm niemand aus der Reichskanzlei in seinen Befehlsbereich hineinzureden habe. Hitler erklärte sich im Laufe der Lageorientierung nach einigem Zögern bereit, diese Einschränkung zu respektieren.

Am nächsten Morgen um 6 Uhr weckte mich Bernd. Ich hatte so tief geschlafen, daß es mir schwerfiel, die Augen zu öffnen. Beißender Schwefelgestank, vermischt mit stickigem Kalkstaub, füllte unseren Raum. Vorübergehend setzten auch die Frischluftventilatoren aus. Draußen war die Hölle los. Einschlag auf Einschlag ging auf das Gebäude der Reichskanzlei nieder. Der Bunker erzitterte wie bei einem Erdbeben. Erst etwa eine Viertelstunde später nahm die Heftigkeit des Feuerüberfalles etwas ab, der, dem Schall nach zu urteilen, in Richtung Potsdamer Platz weiterwanderte.

Die Meldungen aus der Stadt werden immer erschütternder: Fast acht Tage hausen die Berliner Frauen, Kinder, Greise, Kranke, Verwundete, Soldaten und Flüchtlinge nun schon ohne Unterbrechung in den Kellern und Ruinen der Innenstadt. Eine einigermaßen geregelte Versorgung gibt es nicht mehr. Der Durst ist noch schlimmer als der Hunger, denn seit Tagen gibt es kein Wasser. Dazu die dauernden Brände, Feuersbrünste und der erstickende Qualm, der in die Keller, behelfsmäßigen Unterstände und Gänge dringt. Und über alldem eine gnadenlos sengende Aprilsonne. Die Krankenhäuser, Lazarette und bombensicheren Bunker sind schon längst mit Verwundeten überfüllt. In den Schächten und Bahnhöfen der U-Bahn und der S-Bahn liegen Tausende verwundeter Soldaten und Zivilisten. Wie groß ihre Zahl in Wirklichkeit war, wird nie jemand erfahren. In dieser verzweifelten Lage schöpfte ein Teil der Bunkerinsassen wieder Hoffnung, als um 10.30 Uhr endlich wieder eine Nachricht der Armee Wenck aufgefangen wurde. Ihre Spitzen hatten südsüdwestlich von Potsdam in den ausgedehnten Wäldern um Beelitz weitere Fortschritte in Richtung Schwielowsee machen können. Damit trennten sie nur noch wenige Kilometer von dem bei Potsdam kämpfenden Korps des Generals Reimann. Man sprach im Bunker jetzt nur noch von der kurzen Entfernung zwischen der 12. Armee und dem Korps Reimann und von der kommenden Befreiung durch General Wenck. Wenige Stunden später meldete die Armee Wenck starke russische Flankenangriffe in der Gegend der Beelitzer Heilstätten. Als Wenck am Abend noch nicht weitergekommen war und nur von schweren Abwehrkämpfen berichtet wurde, sahen die meisten wohl klar, daß die drei Divisionen viel zu schwach waren, um sich noch bis ins Zentrum der Stadt durchzukämpfen. Die Stimmung schlug wieder ins Gegenteil um, und viele waren der Verzweiflung nahe.

Kurz vor der Mittagsorientierung bei Hitler sah ich seine Freundin Eva Braun zum erstenmal. Sie saß mit Hitler und mehreren Männern seiner engsten Umgebung am Tisch im Vorraum und unterhielt sich lebhaft. Hitler hörte ihr zu. Sie trug ein enganliegendes graues Kostüm, das eine sehr gutgewachsene Frau erkennen ließ, geschmackvolle Schuhe, und mir fiel eine hübsche, mit Brillanten besetzte Armbanduhr auf. Zweifellos eine attraktive Frau, aber auch etwas affektiert und theatralisch.

Hitler stand auf, als wir uns zum Vortrag meldeten, und wir folgten ihm in den Lagebunker. Ungeachtet des Ausbleibens weiterer Erfolgsmeldungen von Wenck griff er noch einmal nach diesem Strohhalm. Ohne Rücksicht auf die Hungernden, Dürstenden und Sterbenden in der Stadt wollte er das Ende des Kampfes um Berlin noch weiter hinausziehen. Und dann kam einer der unmenschlichsten seiner Befehle während der letzten Kampftage in Berlin: Da die Russen unsere Front im Stadtgebiet wiederholt dadurch aufgerollt hatten, daß sie durch die U-Bahn- und S-Bahn-Schächte vorstießen und so in den Rücken der deutschen Soldaten gelangt waren, befahl er Sondereinheiten, die Schleusen der Spree zu öffnen und die südlich der Reichskanzlei gelegenen Schächte der S-Bahn zu fluten. In diesen Schächten befanden sich zu diesem Zeitpunkt unzählige Zivilisten und Tausende von Verwundeten. Aber ihr Leben spielte für ihn keine Rolle mehr. Viele brachte dieser Wahnsinnsbefehl um.

Im Anschluß an diese Lagebesprechung begegneten wir Hanna Reitsch. Zweimal hatte sie schon versucht, mit dem verwundeten Generalfeldmarschall von Greim am Brandenburger Tor zu starten, mußte es jedoch jedesmal wegen zu starken Artilleriefeuers wieder aufgeben. Sie hatte sich während der Zeit ihrer Anwesenheit hier im Bunker der Reichskanzlei eng an Magda Goebbels angeschlossen, mit der ich sie mehrmals zusammen sah.

Kurz nach dieser Mittagsorientierung brachten Männer des Begleitkommandos Hitler einen kleinen, übernächtigten und völlig verstörten Jungen, der einen russischen Panzer in der Nähe des Potsdamer Platzes geknackt hatte. Hitler heftete dem Kleinen in seinem viel zu großen verdreckten Rock mit viel Pathos ein Eisernes Kreuz an die schmächtige Brust. Dann strich er ihm langsam über den Kopf und schickte ihn wieder hinaus in den aussichtslosen Kampf in den Straßen Berlins.

Freytag, Weiß und ich gingen zusammen zu unseren Bunkerräumen zurück und sprachen über das Unwirkliche dieser Szene. Wir waren Offiziere, die lange bei der Feldtruppe gewesen und es nicht gewohnt waren, uns zu verkriechen, während draußen gekämpft wurde. Für uns war das ein unerträglicher Zustand. Wir bemerkten nicht, daß Bormann gekommen war und uns zuhörte. Plötzlich legte er Freytag und mir mit Gönnermiene seine Hände auf die Schultern und trat zwischen uns. Er kam auf die Truppen Wencks zu sprechen, auf die Entsetzung Berlins und das baldige siegreiche Kriegsende. Dann fügte er in seinem unnatürlich gewollten Tonfall hinzu: »Ihr, die ihr hier in Treue zu unserem Führer gemeinsam mit ihm seine schwersten Stunden aushaltet, werdet, wenn dieser Kampf bald siegreich beendet sein wird, hohe Stellungen im Staat bekleiden und als Dank für eure treuen Dienste Rittergüter bekommen.« Dann lächelte er uns huldvoll zu und ging selbstbewußt weiter. Zuerst war ich so verdutzt, daß ich kein Wort dazu sagen konnte. Also um Rittergüter zu bekommen, taten wir unsere Pflicht. Ich fragte mich, ob das mit dem »siegreichen Ende« heute am 27. April wirklich sein Ernst sein konnte? Wie schon so oft, wenn ich ihn oder Goebbels oder Göring oder die anderen Männer um Hitler gehört und beobachtet hatte, stellte ich mir die Frage, ob sie wirklich glaubten, was sie sagten! Oder war es eine diabolische Mischung von Verstellung, Größenwahn und fanatischer Dummheit? Nachdem in den späten Abendstunden bekanntgeworden war, daß sich die Spitzen der Armee Wenck bis Ferch am Schwielowsee durchgekämpft hatten, bat der Kommandant von Berlin, Hitler vortragen zu dürfen. Bormann, Krebs und Burgdorf standen schweigend hinter Hitler, während General Weidling ungefähr folgendes sagte: Die Armee Wenck ist, sowohl was die Menschen wie das Material betrifft, viel zu schwach, das neuerkämpfte Gebiet südlich von Potsdam zu halten, geschweige denn ins Zentrum Berlins durchzubrechen. Im Augenblick sind die Besatzungskräfte der Stadt Berlin noch imstande, einen erfolgversprechenden Ausbruch nach Südwesten durchzuführen, um Anschluß an die Armee Wenck zu gewinnen.

»Mein Führer«, so fuhr Weidling fort, »ich verpflichte mich mit meiner Person dafür, daß Sie gesund und wohlbehalten aus Berlin herauskommen. Dadurch würde der Reichshauptstadt der vernichtende Endkampf erspart.« Hitler lehnte resigniert ab. Auch als Axmann am folgenden Morgen denselben Vorschlag machte und das Leben jedes einzelnen Hitlerjungen für ein sicheres Geleit ihres Führers verpflichtete, weigerte sich Hitler, Berlin zu verlassen.

Als sich im Bunker herumgesprochen hatte, daß von der Armee Wenck keine entscheidende Hilfe zu erwarten sei und daß Hitler einen Ausbruch aus der Stadt abgelehnt habe, verbreitete sich bei Hitlers engerem Anhang eine Art Weltuntergangsstimmung. Sie versuchten, ihre Angst mit Alkohol zu betäuben, während wir hart arbeiteten. Die besten Weine, Liköre und Lebensmittel wurden den großen Vorräten der Reichskanzlei entnommen. Während die Verwundeten in den Kellern und U-Bahn-Schächten der Stadt nicht einmal den quälenden Hunger und brennenden Durst stillen konnten und viele von ihnen, nur wenige Meter von der Reichskanzlei entfernt, in den Untergrundbahnhöfen des Potsdamer Platzes lagen, floß hier der Wein.

Gegen 2 Uhr morgens legte ich mich, völlig übermüdet und überarbeitet, hin, um noch einige Stunden Schlaf zu finden. Aus dem Nachbarraum schallte Lärm herüber. Dort saßen Bormann, Krebs und Burgdorf in angeregter Zecherrunde. Ich hatte wohl zweieinhalb Stunden fest geschlafen, als mich Bernd, der unter mir in seinem Bett lag, mit den Worten weckte: »Du versäumst etwas, mein Lieber, hör dir das mal an. Das geht schon eine ganze Weile in dieser Lautstärke.« Ich richtete mich auf und lauschte zum Nachbarraum hinüber.

Burgdorf schrie gerade auf Bormann ein: »Vor einem dreiviertel Jahr bin ich mit meiner ganzen Kraft und mit grenzenlosem Idealismus an meine jetzige Aufgabe herangegangen. Ich habe mir immer wieder das Ziel gesetzt, Partei und Wehrmacht aufeinander abzustimmen. Ich bin dabei so weit gegangen, daß ich von meinen Wehrmachtskameraden geschnitten und teilweise sogar verachtet worden bin. Ich habe wirklich mein möglichstes getan, um das Mißtrauen Hitlers und der Parteileitung gegen die Wehrmacht zu beseitigen. Man hat mich schließlich in der Wehrmacht einen Verräter am deutschen Offiziersstand gescholten. Heute muß ich einsehen, daß diese Vorwürfe zu Recht bestehen, daß meine Arbeit umsonst, mein Idealismus falsch, ja, nicht nur das, daß er naiv und dumm war.« Schwer atmend hielt er einen Augenblick inne. Krebs versuchte, ihn zu beschwichtigen, und bat ihn, doch auf Bormann Rücksicht zu nehmen. Aber Burgdorf fuhr fort: »Laß mich man, Hans, einmal muß das doch alles gesagt werden. Vielleicht ist es in achtundvierzig Stunden schon zu spät.

Unsere jungen Offiziere sind mit großem Glauben und Idealismus hinausgezogen. Zu Hunderttausenden sind sie in den Tod gegangen. Aber wofür denn? Für ihr Vaterland, für unsere Größe und Zukunft? Für ein anständiges, sauberes Deutschland? In ihrem Herzen ja, aber sonst nein. Für euch sind sie gestorben, für euer Wohlleben, für euren Machthunger. Im Glauben an die gute Sache ist die Jugend eines Achtzig-Millionen-Volkes auf den Schlachtfeldern Europas verblutet, sind Millionen unschuldiger Menschen geopfert worden, während ihr, die Führer der Partei, euch am Volksvermögen bereichert habt. Gepraßt habt ihr, ungeheure Reichtümer zusammengerafft, Rittergüter gestohlen, Schlösser gebaut, im Überfluß geschwelgt, das Volk betrogen und unterdrückt. Unsere Ideale, unsere Moral, unseren Glauben, unsere Seele habt ihr in den Schmutz getreten. Der Mensch war für euch nur noch das Werkzeug eurer unersättlichen Machtgier. Unsere jahrhundertealte Kultur, das deutsche Volk habt ihr vernichtet. Das ist eure furchtbare Schuld!«

Die letzten Sätze hatte der General fast beschwörend geschrien. Es war ganz still im Bunker geworden. Man konnte sein keuchendes Atmen hören. Kühl, überlegt und ölig kam die Stimme Bormanns, und das war alles, was er zu erwidern wußte: »Aber mein Lieber, du mußt doch nicht gleich persönlich werden. Wenn sich die anderen auch alle bereichert haben, ich bin doch frei von Schuld. Das schwöre ich dir bei allem, was mir heilig ist. – Prost, mein Lieber!«

Bei allem, was mir heilig ist! – Wußte ich doch, daß er einen großen Besitz in Mecklenburg und einen weiteren in Oberbayern erworben hatte, und daß er sich am Chiemsee eine feudale Villa bauen ließ. Hatte er uns nicht wenige Stunden vorher auch Rittergüter in Aussicht gestellt? Das war der heilige Schwur des nach Adolf Hitler höchsten Führers der Nationalsozialistischen Deutschen Arbeiterpartei.

Ich versuchte, noch einmal einzuschlafen, es gelang aber nicht mehr. Gegen 5.30 Uhr setzte das russische Artilleriefeuer wieder ein. Es steigerte sich sehr schnell an diesem Morgen des 28. April zu einem infernalischen Trommelfeuer, das nicht enden wollte. Während des ganzen Krieges hatte ich ein solch anhaltendes Trommelfeuer in derartiger Stärke nicht erlebt. Die Frischluftventilatoren mußten oft eine volle Stunde lang abgestellt werden. Die obersten Betondecken wurden mehrmals an verschiedenen Stellen durchschlagen, und wir konnten die schweren Betonbrocken auf die untere Betonschicht fallen hören. Unter das Bersten der Granaten mengten sich die dumpfen, schweren Detonationen der Fliegerbomben. Ein Orkan aus Feuer und Eisen ging auf die Reichskanzlei und das Regierungsviertel nieder. Die Antenne unseres 100-Watt-Senders wurde zertrümmert, die Leitungen zu den verschiedenen Verteidigungsabschnitten in der Stadt zerstört. An Nachrichtenmitteln standen uns jetzt nur noch Melder und der Sender mit Empfangsgerät des Pressereferenten Lorenz zur Verfügung. Immer wieder glaubten wir, das Feuer hätte seinen Höhepunkt erreicht, aber jedesmal mußten wir uns eines Besseren belehren lassen. Der Mangel an frischer Luft im Bunker wurde unerträglich. Kopfschmerzen, Atemnot und Schweiß machten sich im Laufe der Stunden immer stärker bemerkbar. Die Menschen im Bunker versanken nach und nach in ein stumpfes Dahinbrüten. Während kurzer Feuerpausen griff der Russe dann immer wieder an. Am Alexanderplatz wurde gekämpft, vom Halleschen Tor her näherten sich russische Panzer der Wilhelmstraße und damit der Reichskanzlei. Nun trennten uns nur noch etwa 1000 Meter. Auch die ausgesuchten Leute des SS-»Freikorps Adolf Hitler« konnten diesem übermächtigen Ansturm nicht mehr standhalten.

Im Laufe des Vormittags und gegen Mittag gelang es einigen unserer Melder, bis zum Kommandanten Berlins durchzukommen und auch wieder lebend zurückzukehren. Die Lage verschlechterte sich an den Frontabschnitten der übrigen Stadtgebiete ebensosehr wie bei uns im Zentrum der Stadt. Charlottenburg war fast ganz verloren, und der Russe stand bereits, von Norden kommend, auf der Ost-West-Achse am »Knie«. Das Rückgrat der Verteidigung im inneren Stadtkern waren jetzt nur noch die Flaktürme im Humboldthain, Friedrichshain, Zoo und die Flakgeschütze auf dem Shellhaus. Im Wirkungsbereich dieser »Befestigungen« konnten die Russen keine nennenswerten Erfolge erzielen. An anderen Stellen drangen sie dafür um so tiefer in das Stadtinnere ein. Durch das Trommelfeuer in den Morgenstunden war der Fieseler Storch, mit dem Hanna Reitsch und Ritter von Greim am 26. April nach Berlin eingeflogen waren und mit dem sie Berlin auch wieder verlassen wollten, zerstört worden.

Die Versorgung der Verwundeten gestaltete sich an allen Abschnitten immer schwieriger. Es fehlte immer mehr an Ärzten, an Verbandsmaterial, an Medikamenten, aber noch mehr an Wasser.

Als ich in den Mittagsstunden mit den Vortragsunterlagen nach unten ging, bot sich mir ein seltsames, fast komisches Bild: Burgdorf, Krebs und Bormann waren im Anschluß an ihre leidenschaftliche nächtliche Auseinandersetzung von ihren bisherigen Wohn- und Arbeitsräumen in den kleinen Vorraum vor Hitlers Wohnung im »Führerbunker« übergesiedelt. Laut schnarchend, in wollene Decken gehüllt, die Beine weit von sich gestreckt, so lagen die drei in tiefen Sesseln, die man vor die rechte Wandbank gestellt hatte, einträchtig nebeneinander. Nur wenige Schritte davon entfernt, am gegenüberstehenden Tisch, saßen Hitler und Goebbels, auf der Bank links an der Wand Eva Braun. Als Hitler mich kommen sah, erhob er sich. Es war für ihn und für mich nicht ganz einfach, über die ausgestreckten Beine so hinwegzusteigen, daß die fest Schlummernden nicht geweckt wurden. Die besondere Rücksichtnahme des gehbehinderten Goebbels, der uns in den Vortragsraum folgte, wirkte geradezu grotesk. Eva Braun konnte sich bei diesem Anblick eines Lächelns nicht erwehren.

Nachdem es in der Nacht zum 28. April nach vorübergehender völliger Unterbrechung jeglicher Sprechverbindungen nochmals gelungen war, eine Telefonverbindung zwischen dem OKW in Fürstenberg und der Reichskanzlei herzustellen, war diese Verbindung zur Außenwelt und militärischen Informationsmöglichkeit seit 5 Uhr morgens wieder völlig abgerissen. Somit wurden die Nachrichten über die Lage der in den Räumen außerhalb Berlins kämpfenden Truppen immer spärlicher. Für die Lageorientierungen blieben Bernd und mir jetzt nur noch die Möglichkeiten über den Sender und Empfänger des Pressereferenten Lorenz und die Funkstation des 56. Panzerkorps des Generals Weidling, die zugleich die des Kampfkommandanten von Berlin war. In der Reichskanzlei selber standen uns keinerlei technische Nachrichtenmittel mehr zur Verfügung.

Auf Hitlers persönliche Anfragen beim OKW über die Nachrichtenverbindung des Propagandaministeriums, wo sich die Entsatzangriffe der Kampfgruppe Steiner im Norden und des Korps Holste im Westen Berlins befänden, hatte das OKW keine genauen Angaben machen können und nur sehr ausweichend geantwortet. Die Meldungen von der 9. Armee aber waren hoffnungslos und deprimierend. Der Angriff dieser Armee aus dem Raume Frankfurt an der Oder nach Westen war über die Linie Zossen – Baruth – südlich Berlins – nicht hinausgekommen. Mit einer unübersehbaren Menge an Flüchtlingen auf engstem Raum zusammengedrängt, von allen Seiten von einem übermächtigen Feind angegriffen, kaum noch über Fahrzeuge und Munition sowie Medikamente für ein Heer von Verwundeten verfügend, fehlte der 9. Armee jegliche Kraft, ihren Angriff nach Westen fortzusetzen. Die Genehmigung zum Absetzen von der Oderfront, unter gleichzeitiger Einleitung eines Angriffs nach Westen, hatte Hitler mindestens drei bis fünf Tage zu spät erteilt.

In Mecklenburg hatten die Truppen Marschall Rokossowskis die Linie Neustrelitz–Neubrandenburg-Anklam erreicht und schickten sich an, diesen Angriffskeil weiter nach Westen voranzutreiben.

Beim Kampf in Berlin zeichnete sich die Gefahr einer Teilung des Kessels immer deutlicher ab. Durch die Angriffe der Roten Armee von Norden und von Süden auf die Stadt war in der Gegend des westlichen Teils des Tiergartens, also etwa am Zoologischen Garten, die engste Stelle des Kessels entstanden. Dadurch ergab sich die Gefahr eines Ostkessels, der nördlich der Linie Frankfurter Allee – Alexanderplatz – Hallesches Tor – Landwehrkanal den Stadtteil Stadt-Mitte und Teile der Bezirke Friedrichshain und Prenzlauer Berg umfaßte, während sich der abzeichnende Westkessel im wesentlichen um den Stadtteil Wilmersdorf gruppierte, mit einer schmalen Verbindung zu dem von der Hitlerjugend gehaltenen und verteidigten Kampfraum um die Pichelsdorfer Havelbrücken mit Reichssportfeld. Außerdem bestand noch ein weiterer Kessel, den die 20. motorisierte Division hielt, zwischen Wannsee und Potsdam einschließlich der Pfaueninsel. Zwischen diesem Kessel und dem eingeschlossenen schwachen Korps des Generals Reimann im Raum Potsdam, das heute, am 28. April, an der See-Enge Alt-Geltow, südostwärts Werders, Kontakt zum XX. Korps der Armee Wenck bekommen hatte, bestand jedoch keine Verbindung mehr.

Während meines Lageberichtes über Berlin, dem Hitler schweigend zugehört hatte, tobte das russische Trommelfeuer auf das Regierungsviertel ununterbrochen weiter. Als nach einigen sehr schweren Einschlägen auf das Gelände der Reichskanzlei der Bunker erzitterte und, wohl durch einen Volltreffer, schwere Betonbrocken auf die untere Betonschicht des Führerbunkers polterten, legte Hitler seine stark zitternde linke Hand auf meinen Unterarm und unterbrach mich in meinem Vortrag. Die rechte Hand auf die Stuhllehne gestützt, drehte er sich auf seinem Stuhl langsam halb zu mir um, sah mich mit einem undefinierbaren Blick an und fragte: »Was meinen Sie, mit welchem Kaliber schießen die da jetzt? Ob das durchschlägt bis hier unten? Sie sind doch Frontsoldat und müßten das wissen!« – Ich antwortete, daß es sich wohl um das Kaliber 17,5 handelte, das Kaliber der schweren russischen Feldartillerie, und daß meiner Meinung nach Kaliber und Durchschlagskraft nicht ausreichten, um diesen Bunker zu zerstören. Hitler war wohl zufrieden mit meiner Antwort, und ich konnte fortfahren.

Auf unserem Rückweg von dieser Lageorientierung begegneten wir dem degradierten SS-Obergruppenführer Hermann Fegelein, eskortiert von zwei bewaffneten SS-Soldaten des Begleitkommandos. Die Schulterstücke und Kragenspiegel waren Fegelein abgerissen worden. Blaß und niedergeschlagen, hatte dieser Hermann Fegelein kaum noch eine

Ähnlichkeit mit dem Manne, der mir in den Wochen und Monaten vorher immer wieder begegnet war. – Bereits am 26. April hatte er die Reichskanzlei unbemerkt verlassen können. Aber erst im Laufe des 27. April hatte Hitler bemerkt, daß Himmlers Vertreter Fegelein in der Runde fehlte. Sein Mißtrauen bewog ihn sofort, Fegelein durch Offiziere seines Begleitkommandos suchen zu lassen. Und richtig, sie fanden ihn, in Zivilkleidern, in seiner Charlottenburger Privatwohnung. Als man Fegelein brachte, herrschte im Bunker bei Hitlers Getreuen Wut und Empörung über den desertierten Spitzenfunktionär. Er wurde sofort degradiert und saß seit gut 24 Stunden inhaftiert in einer provisorischen Zelle. Jetzt, als er uns begegnete, führte man ihn zum Verhör in den Führerbunker.

Gegen 18 Uhr wurden wir abermals zu einer Lageorientierung bei Hitler beordert. Wenn ich auch gegenüber der Mittagsorientierung kaum neue Meldungen bringen konnte, so hatte Bernd doch einige sehr entscheidende Nachrichten über den Sender des Pressereferenten und auch durch den des Generals Weidling bekommen können. – Bei dieser Lageorientierung waren Goebbels, Bormann, Burgdorf, Krebs, Admiral Voß und die meisten der Verbindungsoffiziere anwesend, was bei den Lagebesprechungen der letzten Tage nur selten der Fall gewesen war.

Die Nachrichten von der 9. Armee besagten nochmals endgültig, daß die am Rande der Vernichtung stehende 9. Armee nicht mehr fähig war, die noch fehlenden 25 oder 30 Kilometer bis zur Armee Wenck im Angriff gegen einen übermächtigen Gegner zu überwinden. Das XX. Korps der 12. Armee hatte zwar den erkämpften Raum, der an der der 9. Armee zugewandten Front etwa durch die Linie Niemegk/Westrand–Beelitz–Ferch/Schwielowsee begrenzt wurde, halten können, General Wenck sah sich aber außerstande, seinen Angriff in Richtung Berlin oder der 9. Armee entgegen weiter fortzuführen. Das XX., das rechte Korps der 12. Armee, war in diesem Raum in derart schwere Abwehrkämpfe verwickelt, daß an eine Fortführung des Angriffs nicht mehr zu denken war. Das linke, XXXXI. Korps der Armee unter General Holste, hatte eine sehr weit gespannte und verhältnismäßig dünn besetzte Front, mit keinerlei Reserven im Rücken, zu halten und wurde überdies pausenlos von Schukows Panzermassen angegriffen. An einen Angriff in Richtung Berlin zu denken, war völlig illusorisch. Die Führung war hier froh, wenn die Front überhaupt gehalten wurde.

Die unter dem Befehl der neugebildeten 21. Armeegruppe des Generals von Tippelskirch stehende Kampfgruppe Steiner hatte zwar das Nordufer des und den kleinen Brückenkopf über den Ruppiner Kanal gegen einen zehn- bis fünfzehnfach überlegenen Gegner halten können, war mit den vorhandenen Kräften aber nicht stark genug, um auch nur noch wenige Meter Boden in Richtung Berlin zu erkämpfen. Durch den Durchbruch der Truppen des Marschalls Rokossowski, der im Begriff stand, über die Linie Neustrelitz–Neubrandenburg weiter nach Westen anzugreifen, mußten von der 21. Armeegruppe am ehemals rechten Flügel der 3. Panzerarmee im Raume Oranienburg die 25. Panzergrenadierdivision und 7. Panzerdivision abgezogen werden, um den Angriffsspitzen Rokossowskis den Weg zu verlegen. Damit schwand endgültig, auch für Hitler, jegliche greifbare Chance, von Norden her einen erfolgversprechenden Entsatzangriff auf Berlin, jetzt und in naher Zukunft, führen zu können.

Wenn auch für jeden einigermaßen nüchtern und klar denkenden Menschen das Ergebnis dieser Lageorientierung eigentlich nichts Neues gebracht hatte, so wirkten sich diese ganz ungeschminkten Tatsachen ohne irgendwelche hoffnungsvollen Aspekte doch sehr deprimierend auf den ganzen Kreis einschließlich Hitler aus.

Während dieser Besprechung erreichte uns die fast unglaubhafte Meldung, daß für die zerstörte Maschine des Ritters von Greim am Brandenburger Tor eine Ersatzmaschine, eine Schulmaschine vom Typ Arado, glatt gelandet sei. Die Maschine war sofort gegen Beschuß versteckt worden.

37. Die Marmorhalle der Neuen Reichskanzlei vor ihrer Zerstörung: Delegationen von 11 Staaten treffen sich 1941 zu einer Zusammenkunft im Zeichen des Antikominternpaktes.

38. Vor der Kulisse des vollständig zerstörten alten Regierungsviertels von Berlin mußten die letzten Verteidiger der Reichskanzlei kapitulieren *(Aufnahme 1947)*.

39. So sah der Arbeitsplatz des »Führers« Adolf Hitler im Erweiterungsbau der Neuen Reichskanzlei 1939 aus.

40. Sowjetische und britische Soldaten an der Grube, in der die Leichen von Hitler und Eva Braun im Garten der Reichskanzlei verbrannt wurden.

41. Auf dem Balkon der Reichskanzlei treffen sich Amerikaner, Briten und sowjetische Soldaten. Ein Amerikaner ahmt Hitler nach.

Etwas später, gegen 19 Uhr, kam der Pressereferent Lorenz während einer Feuerpause vom Propagandaministerium mit einer sensationellen Nachricht herübergeeilt. Er hatte mit seinen Nachrichtengeräten eine Reuter-Meldung des Londoner Rundfunks aufgefangen, die besagte, daß der Reichsführer SS Heinrich Himmler den westlichen Alliierten die bedingungslose Kapitulation sämtlicher Truppen, die gegen unsere westlichen Gegner kämpften, angeboten habe. Die Verhandlungen waren, wenn man den Tatbestand dieser Reuter-Meldung zugrunde legte, bereits vor fünf Tagen von Himmler mit und über den schwedischen Grafen Bernadotte im schwedischen Konsulat in Lübeck geführt worden.

Diese Nachricht traf Hitler weit schwerer als die über den angeblichen Abfall oder gar Verrat Hermann Görings. Göring hatte durch seine funktelegrafische Anfrage wenigstens noch die Autorität Hitlers in gewissem Umfange anerkannt. Himmler hingegen hatte »seinen Führer« völlig ignoriert und in eigener Machtvollkommenheit, ohne irgendwelche Rücksichtnahmen auf Hitler, in der jetzt überhaupt entscheidendsten Frage auf eigene Faust gehandelt. Hinzu kam noch, daß er Himmler für seinen treuesten und ergebensten Anhänger und Parteigänger gehalten hatte. Das letzte, was ihm wohl noch an Halt und Glauben im Punkte Treue und Kameradschaft geblieben war, zerbrach jetzt vollkommen in ihm. Hitler verfiel einem haltlosen Wutanfall, voller Haß und Verachtung, wie ihn wohl noch kein Mensch vorher erlebt hatte. Himmlers Verhandlungen hinter seinem Rükken nannte er den schamlosesten Verrat der deutschen Geschichte.

Als er sich etwas beruhigt hatte, zog er sich mit Bormann und Goebbels zu einer längeren Besprechung in den Konferenzraum zurück und ließ die Versammelten im Vorraum warten. – Nach Beendigung dieser Geheimkonferenz zu dritt befahl Hitler die Vorführung Fegeleins, um ihn einer scharfen Vernehmung in Sachen Himmler unterziehen zu lassen. Als aus Fegelein nichts Wesentliches herauszubekommen war, befahl Hitler kurzerhand, ohne daß Fegeleins Mitwisserschaft und Beteiligung an den Himmlerschen Eskapaden in irgendeiner Form bewiesen gewesen wäre, seine sofortige Erschießung im Garten der Reichskanzlei.

Im Zustand einer schon pathologischen Erregung nahm er die Meldung der Exekution Fegeleins entgegen. Unmittelbar darauf begab er sich zu dem immer noch auf einer Bahre liegenden verwundeten Generalfeldmarschall Ritter von Greim und befahl ihm, unverzüglich die Reichskanzlei und Berlin zu verlassen. Weiter befahl er Greim, sofort nach seinem Eintreffen in Schleswig-Holstein Himmler zu verhaften. Vermengt waren diese in haltloser Erregung hervorgestoßenen Befehle mit Anspielungen, Greim solle Himmler am besten gleich liquidieren. Das Beharren Greims und der Reitsch, wohl aus einem gewissen Treuekomplex heraus, bei Hitler in Berlin und in der Reichskanzlei bleiben zu wollen, nützte den beiden nichts. Der verwundete Greim und Hanna Reitsch wurden mit einem gepanzerten Fahrzeug von der Reichskanzlei zum Landeplatz der Arado gebracht. Der außerordentlich risikovolle und schwierige Start und das Durchfliegen des fast undurchdringlichen russischen Flakfeuers über Berlin gelangen. Die Arado landete in der Nacht vom 28. zum 29. April mit Ritter von Greim und Hanna Reitsch wohlbehalten in Rechlin in Mecklenburg.

Ob durch die Nachricht des geglückten Starts des Ritters von Greim oder einfach durch die physische Erschlaffung nach der bis fast zur Ekstase gesteigerten Erregung der letzten beiden Stunden, mag dahingestellt bleiben, jedenfalls beruhigte sich Hitler wieder völlig. Mit einem undurchdringlichen, maskenhaften Gesichtsausdruck, ohne ein Wort an seine Umgebung zu richten, zog er sich gebeugten Rükkens resigniert in seine Wohnräume zurück. – Nicht so der vitale, impulsive und geistig sehr rege Martin Bormann. Er schickte Dönitz noch am gleichen Abend einen Funkspruch in dessen Stabsquartier »Forelle« bei Plön, in dem er unumwunden jetzt auch die verantwortlichen militärischen Führer des OKW – also Keitel und Jodl – der Untreue bezichtigte, weil sie die Truppen nicht so vorangetrieben hatten, daß Berlin entsetzt wurde. Er schloß mit den Worten: »... Die Reichskanzlei ist bereits ein Trümmerhaufen!« Bezeichnend für ihn und die Geisteshaltung überhaupt ist nicht nur der Inhalt dieses Funkspruchs an Dönitz, sondern auch die Tatsache, daß er für den Spruch den weiteren Weg über den Admiral von Puttkamer in Berchtesgaden wählte. Dem OKW, der Wehrmachtsführung, mißtraute er.

Ob nun Bormann, Hitler, Goebbels oder all die anderen, keiner wollte es wahrhaben, daß die deutsche Armee restlos am Ende ihrer Kräfte war, und das nicht nur in materieller Hinsicht. Und sie wollten es sich und ihrer Umwelt nicht eingestehen, daß unsere Gegner uns um ein Vielfaches überlegen waren. Ein Mißerfolg konnte in ihrer Vorstellungswelt eben nur auf Verrat beruhen.

Als der Morgen des 29. April anbrach, weckte mich Bernd. Er saß bereits an seinem Schreibtisch und arbeitete. Nach einer Weile blickte er auf und sagte so ganz beiläufig: »Du, unser Führer hat heute nacht geheiratet.« Ich muß wohl ein sehr dummes Gesicht gemacht haben – wir lachten beide lauthals. Da ertönte aus dem abgetrennten Raumteil hinter dem Vorhang die resolute Stimme unseres Chefs, des Generals Krebs: »Sind Sie wahnsinnig geworden, über Ihren obersten Landesherrn so respektlos zu lachen!« Als Krebs etwas später vorübergehend den Raum verließ, erklärte mir Bernd die Vorgänge der vergangenen Nacht.

Hitler hatte Eva Braun geheiratet, beide verband eine etwa dreizehnjährige Freundschaft miteinander. Als sie sich kennenlernten, war sie noch Fotoassistentin bei Hitlers Leibfotografen Hoffmann gewesen. Von dieser langjährigen Freundschaft hatten in Deutschland nur wenige gewußt. Als jetzt der Endkampf begann, war sie aus Bayern am 15. April zu Hitler in die Reichskanzlei gekommen.

Es war kaum zu glauben, aber es hatte heute nacht noch eine richtige Hochzeit mit Standesbeamten, einem lauten und deutlichen Ja, mit Trauzeugen und einem Hochzeitsmahl gegeben. Die Formalitäten der standesamtlichen Trauung vollzog ein Beamter des Propagandaministeriums – Zeugen waren Goebbels und Martin Bormann. Bei dem sich anschließenden Essen und einer kleinen Feier waren General Krebs, General Burgdorf, Goebbels und seine Frau, Bormann, Hitlers Sekretärinnen und seine Diätköchin, Fräulein Manzialy, als Gäste zugegen.

Hitler hatte dann später die kleine Hochzeitsgesellschaft mit seiner Privatsekretärin, Frau Gertrud Junge, verlassen, um ihr sein politisches und sein privates Testament zu diktieren. Bormann wurde als Testamentsvollstrecker seines privaten Testaments bestimmt. – Weiter hatte Bernd noch in Erfahrung bringen können, daß Hitlers Heeresadjutant, Major Johannmeier, Bormanns rechte Hand, SS-Standartenführer Zander, und aus dem Propagandaministerium Heinz Lorenz dazu ausersehen waren, diese Testamente und Botschaften in Abschriften aus Berlin herauszubringen und sie dem Großadmiral Dönitz, der als Hitlers Nachfolger ausersehen war, und dem Generalfeldmarschall Schörner, Oberbefehlshaber der in Böhmen kämpfenden Heeresgruppe, zu überbringen.

Als Bernd geendet hat, gehen wir wieder an unsere Arbeit, studieren Karten und die spärlichen Morgenmeldungen. Draußen tobt der Kampf um den Stadtkern mit unverminderter Heftigkeit weiter. Fast pausenlos geht auf das Regierungsviertel und damit auch auf die Reichskanzlei das russische Trommelfeuer nieder. Unaufhaltsam nähern sich die russischen Angriffsspitzen unserem Bunker.

Gegen 9 Uhr setzt der Artillerieorkan schlagartig aus. Durch Melder haben wir kurz darauf die Gewißheit, daß der Russe in Richtung Wilhelmplatz mit Panzern und Infanterie angreift. Es ist im Bunker ganz still geworden. Alles lauscht, und es ist, als hielten alle den Atem an. Die Spannung steigert sich fast bis zum Unerträglichen. Endlich, nach einer Stunde, kommt ein Melder, der berichtet, daß der russische Angriff etwa 400 bis 500 Meter vor der Reichskanzlei zum Stehen gekommen ist.

Vom Stab des Generals Weidling erhalten wir die Meldung, daß die Verbindung zwischen dem eingeschlossenen Korps des Generals Reimann im Raume Potsdam und der 12. Armee südöstlich Werders noch hält.

In dieser Nachricht sehen Bernd und ich eine Chance für uns. – Wenn wir beide während der letzten Tage allein waren, kreiste durch unsere Gespräche wie ein roter Faden immer wieder der Gedanke: Nur hier raus mit einem Kampfauftrag ...! Erst gestern abend hatten wir dieses Thema wieder berührt.

Als Krebs etwas später kam und wir mit den Karten und den Vortragsunterlagen für ihn fertig waren, läßt er uns die Morgenlage vortragen. – Ich berichte von den Kämpfen am Belle-Alliance-Platz, in der Potsdamer Straße und von dem hinhaltenden Widerstand unserer Truppen zwischen Kant- und Bismarckstraße. Alle übrigen Meldungen sind verworren und widersprechend. Dann trug der Major die Lage bei der Armee Wenck und dem Korps Reimann vor und berichtete auch über die noch bestehende Verbindung zwischen beiden Truppenverbänden bei Alt-Geltow, südostwärts Werders. Hier nun knüpfte Bernd an und legte dem General die Notwendigkeit und die Möglichkeit, uns beide zur 12. Armee zu schicken, dar, um Wenck über die Lage in Berlin und in der Reichskanzlei unmißverständlich zu unterrichten. Außerdem hätten wir die Möglichkeit, General Wenck nicht nur zu höchster Eile anzuhalten, sondern ihm beim weiteren Angriff auf Berlin als Führer zu dienen. Ich unterstützte diese Darlegungen nach besten Kräften und wies darauf hin, daß es für uns hier im Bunker doch kaum noch etwas zu tun gäbe. – Krebs schwankte und kam zu keinem Entschluß. Er fürchtete Schwierigkeiten bei Hitler. – General Burgdorf, der kurz darauf hinzutrat, war überraschend schnell von der Notwendigkeit unseres Auftrages überzeugt und sprach sich begeistert für unseren Vorschlag aus. Sein Adjutant, Oberstleutnant Weiß, entschloß sich, an unserem Versuch teilzunehmen. Völlig unerwartete Unterstützung fanden wir bei Bormann, dessen enger Mitarbeiter

Zander ja bereits einen Auftrag hatte, mit einer Testamentsabschrift Berlin zu verlassen. Burgdorf und Bormann gelang es dann, auch Krebs von der Notwendigkeit unseres Auftrages zu überzeugen. Bei der nächsten Lagebesprechung sollte Hitler dieser Plan vorgetragen werden.

Gegen 12 Uhr bittet Hitler zur Mittagslageorientierung an der auch Burgdorf, Bormann und Goebbels teilnehmen. Unterlagen und Karten für diese Orientierung, die Krebs selber vortragen will, sind mehr als dürftig. Klarheit über die Lage herrscht nur noch einigermaßen im Stadtzentrum. Im übrigen ist das Kampfbild im Kessel Berlin durch widersprechende Meldungen, Gerüchte und Vermutungen völlig verworren.

Im Anschluß an die Lageorientierung will Krebs versuchen, Hitler für unseren Vorschlag zu gewinnen. Einer der erregendsten Augenblicke meines Lebens ist gekommen. Krebs hat seinen Vortrag beendet und fügt ganz beiläufig hinzu, daß drei junge Offiziere aus Berlin ausbrechen wollen, um zu General Wenck Verbindung aufzunehmen, ihn über die Lage in Berlin und in der Reichskanzlei aufzuklären und zur Eile anzuhalten. Hitler blickt von der Karte auf und sieht wie geistesabwesend vor sich hin. Dann, nach sekundenlangem Schweigen, fragt er: »Wer sind die Offiziere?« Krebs nennt unsere Namen. »Wer ist das, und wo sind sie jetzt?« Nun antwortet Burgdorf und gibt ausführlich die gewünschte Aufklärung. Wieder vergehen Augenblicke unerhörter Spannung für uns, Sekunden, die eine Ewigkeit zu währen scheinen. Freytag sieht mich an, und ich fühle, daß bei ihm jeder Nerv ebenso gespannt ist wie bei mir. Plötzlich blickt mir Hitler ins Gesicht und fragt: »Wie wollen Sie denn aus Berlin rauskommen?«

Ich trete an den Tisch und erkläre ihm an Hand der Karte unseren Plan: Am Tiergarten entlang, dann Bahnhof Zoo, Joachimsthaler Straße, Kurfürstendamm – Adolf-Hitler-Platz–Stadion–Pichelsdorfer Brücken. Von dort mit einem Paddelboot zwischen den Russen hindurch auf der Havel entlang bis Wannsee.

Hitler unterbricht mich: »Bormann, besorgen Sie den dreien sofort ein elektrisches Motorboot, sonst kommen sie niemals durch.«

Ich spüre, wie mir das Blut in den Kopf schießt. Ist es nun geglückt oder soll zu guter Letzt noch alles an diesem blöden elektrischen Motorboot scheitern? Woher in aller Welt soll Bormann in der gegenwärtigen Lage und Situation ein elektrisches Motorboot besorgen? Bevor Bormann antworten kann, fasse ich mich und sage zu Hitler: »Mein Führer, wir werden uns ein anderes Motorboot besorgen und den Schall dämpfen. Damit kommen wir bestimmt durch.« Hitler ist zufrieden, wir atmen auf. Langsam erhebt er sich, blickt uns müde an, reicht jedem von uns die Hand und sagt: »Grüßen Sie mir Wenck. Er soll sich beeilen, sonst ist es zu spät.«

Burgdorf händigt jedem von uns einen bereits vorbereiteten Passierschein für das Überschreiten der deutschen Linien aus. Als wir wieder draußen im Gang stehen, schütteln wir uns überglücklich die Hände. Wir haben wieder eine Chance, wenn sie auch noch so gering ist, und brauchen hier nicht mehr zu warten, warten und warten. Es ist mittlerweile 12.45 Uhr. In fliegender Eile werden die Vorbereitungen getroffen. Dauerverpflegung eingepackt, Tarnjacken übergezogen, Stahlhelme aufgesetzt, Maschinenkarabiner umgehängt und die unentbehrlichen Karten eingepackt. Freytag trennt die roten Streifen von seiner Hose ab. Ein kurzes Händeschütteln und Abschiednehmen, dann geht es los. Es ist 13.30 Uhr am 29. April.

## *Ausbruch aus Berlin und Heimkehr*

*Mit den hier folgenden Seiten verläßt Gerhard Boldt die Ebene des Augenzeugenberichts; am 29. April 1945, knapp vor Hitlers Tod, der deutschen Kapitulation und dem endgültigen Sieg der Roten Armee in Berlin, gelingt ihm die Flucht aus dem eroberten Berlin. Die Schilderung dieser Flucht gehört – als Satyrspiel nach der Tragödie – noch unmittelbar zum Bericht.*

An die Mauer am Bunkerausgang zur Hermann-Göring-Straße geduckt, verharrten wir einige Minuten, um einen Granatwerferüberfall abzuwarten. Von irgendwoher pfiff eine Maschinengewehrgarbe über uns hinweg und grub sich in das Mauerwerk über uns ein. Aus Richtung Potsdamer Platz zogen dunkle, dicke Rauchschwaden zu uns herüber. Dann ging es weiter, an Granattrichtern, zerschossenen Wagen und toten Soldaten und Zivilisten vorbei, über die Hermann-Göring-Straße hinweg in den Tiergarten hinein. Hier war das Artilleriefeuer, weil wir uns wohl im toten Winkel der Häuserblocks befanden, nicht ganz so heftig. Dann plötzlich sechs, acht, zehn russische Tiefflieger direkt im Anflug auf uns. Mit einem raschen Sprung waren wir in einem Häusereingang verschwunden. Draußen fielen Bomben und knatterten Bordkanonen. Hier im Hausflur saßen und lagen Menschen, verzweifelte Frauen, verängstigte Kinder und mutlose Soldaten. Aus einer Ecke drang das Stöhnen Verwundeter. Wir rannten weiter. Neben einem Granattrichter lagen acht bis zehn tote Zivilisten, einige bis zur Unkenntlichkeit verstümmelt. – Weiter! Überall Verwesungsgeruch, hier und da tote Pferde, zerschossene Fahrzeuge, dann wieder brennende Häuser. Wir krochen und kletterten und stolperten, immer nur vorwärts, immer weiter nach Westen. In einigen Vorgärten standen noch deutsche Geschütze, es waren wohl zehn oder fünfzehn. Sie gehörten zur Korpsartillerie des 56. Panzerkorps. Seit Tagen schon schwiegen sie, denn es gab ja keine Munition mehr.

So ging es vier Stunden, für einen Weg, der unter normalen Umständen in einer halben Stunde zurückzulegen war, bis wir kurz vor 18 Uhr im Hochbunker am Bahnhof Zoo eine halbe Stunde Ruhe fanden. Auch hier wieder angesichts des sich nähernden Infanteriekampfes das Bild dichtgedrängter, von Angst getriebener, verzweifelter Menschen. Bei völliger Dunkelheit erreichten wir durch Ruinenfelder und über Hinterhöfe die Joachimsthaler Straße–Kurfürstendamm und den Adolf-Hitler-Platz. Die ersten russischen Panzer waren bereits am Nachmittag dieses 29. April hier gewesen. Auf dem Gefechtsstand des dort befehlenden Hitlerjugendführers erhielten wir einen Hitlerjungen, der sich erbot, uns in einem Personenwagen durch teilweise bereits von Russen besetztes Gebiet zum Reichssportfeld zu fahren. Dort hielt noch eine kleine Kampfgruppe. Mit unglaublichem Geschick fuhr der Junge uns in rasender Fahrt durch den westlichen Teil Charlottenburgs. Kaum eine halbe Stunde später hallten unsere Schritte bereits durch das weite Rund des Olympiastadions. Keine Menschenseele war zu sehen. Das fahle Mondlicht verlieh dem unzerstörten Riesenbau einen unwirklichen Zauber. Einige Stunden dieser Nacht verbrachten wir dann bei einer kleinen Kampfgruppe der Hitlerjugend in den Räumen am Westausgang des Stadions und marschierten im ersten Morgengrauen vom Reichssportfeld aus weiter in Richtung auf die Havelbrücken bei Pichelsdorf zu. Unsere kleine Gruppe war inzwischen durch einige Soldaten verstärkt worden, um im Notfall einen Kampf aufnehmen zu können. Oberst von Below, der die Reichskanzlei mit dem Auftrag, Generalfeldmarschall Keitel eine Botschaft zu überbringen, einige Stunden später als wir verlassen hatte, war auch noch zu uns gestoßen.

In den Gräben und Schützenlöchern vor der Pichelsdorfer

Brücke, beiderseits der Heerstraße, lagen in kleineren oder größeren Abständen Hitlerjungen mit Panzerfäusten allein oder zu zweien. Die Morgendämmerung war bereits so weit vorgeschritten, daß sich die dunklen Umrisse schwerer russischer Panzer auf der Heerstraße, etwa einen Kilometer entfernt von den Brücken, in Richtung Bahnhof Heerstraße, deutlich vom dunstigen Hintergrund abhoben. Sie standen mit Schußrichtung auf die Brücken. Zu dritt rannten wir mit äußerster Kraftanstrengung über die lange Brücke und waren unendlich froh, als wir auf der anderen Seite im Schutz der Straßenböschung verschnaufen konnten. Nach langem Suchen in dem kleinen Waldstück, das sich an der Straße entlangzieht, fanden wir den Führer der sich dort verteidigenden Kampfgruppe, Obergebietsführer Schlünder, in einem mit Holz abgestützten Erdbunker, der in den ansteigenden Hang einer kleinen Senke gebaut worden war. Nachdem wir uns ausgewiesen hatten, erfuhren wir aus seinem Munde vom Schicksal seiner Leute: »Als vor etwa fünf Tagen die Kämpfe hier begannen«, erzählte er, »waren es rund 5000 Jungen der Hitlerjugend und Soldaten, die hier den Kampf gegen die Übermacht aufnahmen. Die nur mit Gewehren und Panzerfäusten notdürftig ausgerüsteten, völlig kampfunerfahrenen Jungen hatten durch die Wirkung des ihnen in der Praxis völlig unbekannten verheerenden Artilleriefeuers furchtbare Verluste erlitten. Von den 5000 Hitlerjungen waren nur noch etwa 500 kampffähig. Keine Reserven, keine Ablösungen trafen ein, um den übermüdeten Jungen auch nur kurze Zeit Schlaf zu gönnen.« Wir gingen hinaus, und Schlünder fügte bitter hinzu: »Das Schlimmste für meine Jungen ist, wenn sie in den ruhigen, klaren Nächten aus den Häusern dort drüben das verzweifelte Schreien der Frauen und Mädchen hören.« Schlünder wirkte sehr unsicher und war voller Skrupel, aber der Befehl Hitlers band ja ihn und die Jungen an die Brücken.

Dieser verbrecherische, gewissenlose Befehl hatte diesen unausgebildeten Kindern Waffen in die Hände gegeben und sie obendrein einer erdrückenden Übermacht ausgeliefert.

Am 1. Mai kurz nach Mitternacht stießen wir mit einem Paddelboot von der schmalen Landzunge der Insel zwischen den beiden Havelarmen bei Pichelsdorf ab. Unser Ziel war das etwa zehn Kilometer entfernte Wannsee, jenseits des bereits von den Russen besetzten Gebietes. Auf Grund gestriger Nachrichten sollte sich dort noch eine kleine deutsche Kampfgruppe der 20. mot. Infanteriedivision halten. Ich saß mit meinem schußbereiten Maschinenkarabiner vorne im Boot, hinter mir Oberstleutnant Weiß und dann Bernd, die beide paddelten. Anfangs wählten wir die Mitte der breiten Havel, flüchteten aber in das schützende Dunkel des westlichen Ufers, als vor uns in der Höhe des Kaiser-Wilhelm-Denkmals eine russische Bootssperre auftauchte. Die Nacht war sternenklar und kühl. Bei Kladow fuhren wir so dicht unter dem Ufer entlang, daß wir das Sprechen russischer Soldaten, das tiefe Brummen laufender Motoren und klappernde Geräusche deutlich unterscheiden konnten. Gegen 2.45 Uhr passierten wir Schwanenwerder. Aus den hellerleuchteten Villen schallte das Gelächter und Johlen der siegestrunkenen russischen Offiziere. Gleich hinter Schwanenwerder schlug uns eine kräftige Brise vom Großen Wannsee her entgegen, die das tiefliegende kleine Boot mit Wasser vollzuschlagen drohte. Im ersten Zwielicht des 1. Mai landeten wir auf der Schwanenwerder gegenüberliegenden, zu Wannsee gehörenden Halbinsel. Ein mächtiger Schrecken durchfuhr uns noch nachträglich, als wir bei der Landung eine auf unser Boot gerichtete, gut getarnte und schußbereite Panzerabwehrkanone sahen.

Die hier kämpfende Truppe hatte bereits Vorbereitungen getroffen, um in der Nacht vom 1. zum 2. Mai aus ihrem Kessel auszubrechen, um dann südlich von Potsdam Anschluß an die Armee Wenck zu gewinnen. Als wir uns bei dem dortigen Stab meldeten, wurden wir mit einem lauten Hallo von Major Johannmeier, Zander und Lorenz begrüßt, die ja bereits vor uns aus der Reichskanzlei aufgebrochen und entsprechend früher hier eingetroffen waren. Ihre und Oberst von Belows Absicht war es, mit Booten in der Gegend zwischen Kladow und Gatow an Land zu gehen, um von dort aus den Marsch nach Westen anzutreten. Wir drei hingegen schlossen uns der Division an, da unser Auftrag uns ja eindeutig an die Armee Wenck band. Der Ausbruch in der Nacht vom 1. zum 2. Mai stand von Anbeginn unter keinem guten Stern. An der über zwei Meter hohen Straßen-Panzersperre unter einer Überführung vor der Brücke über den Verbindungsarm zwischen Kleinem und Großem Wannsee wurde die Masse der ausbrechenden Truppe zusammengeschossen. Tote und Verwundete häuften sich in einer fast unübersehbaren Zahl auf engstem Raum vor und auf der halbzerstörten Brücke. Nur wenigen gelang es, am jenseitigen Ufer einen kleinen Brückenkopf zu bilden. Die Russen machten jedoch sofort einen Gegenangriff, der in einem furchtbaren Gemetzel endete und dem nur wenige entgingen. Oberstleutnant Weiß geriet bei diesem Ausbruchsversuch in Gefangenschaft. Bernd und ich verbargen uns, als der Kampf vorbei war, in einem Tannendickicht. Bis zur nächsten Nacht gruben wir uns mit Händen und Füßen in den lockeren Waldboden ein, bedeckten uns mit Laub und entgingen dadurch der Gefangenschaft. Die Russen suchten den ganzen Tag über das Waldgelände ab, entdeckten uns aber nicht.

Im Morgengrauen des 3. Mai zogen wir unsere Uniformen aus und vertauschten sie mit alten, abgerissenen Zivilkleidern.

Erst am 3. Mai erfuhren wir vom Ende der Schlacht um Berlin und Hitlers Tod. Damit waren wir unseres Auftrags, die Armee Wenck zu Eile und Entsatz anzuhalten und beim Angriff Richtung Berlin als Pfadfinder zu dienen, entbunden. Am gleichen Tage noch traten wir den Marsch nach Südwesten an. Unser unmittelbares Ziel war der Elbübergang bei Wittenberg. Als Marschroute wählten wir Teltow und dann den Truppenübungsplatz Jüterbog, in der Annahme, daß die russischen Soldaten sich eher an belebte Ortschaften als an einen verlassenen Truppenübungsplatz halten würden. Der Strom von Fremdarbeitern brachte uns auf den Einfall, fortan als französische Arbeiter aus Luxemburg aufzutreten. Wir sprachen beide Französisch gut genug, um uns in dieser Tarnung ziemlich sicher zu fühlen.

Um die Mittagsstunden dieses Tages hatten wir eine seltsame Begegnung. Bernd und ich standen an der Brüstung einer Straßenüberführung über die Reichsautobahn und begutachteten als alte Soldaten die unter uns durchziehenden russischen Truppen, die sich in zwei endlosen Kolonnen auf der Autobahn in Richtung Westen wälzten. Wir waren so ins Gespräch und in unsere Gedanken vertieft, daß wir nicht gehört hatten, daß unmittelbar hinter uns ein russischer Militärlastwagen auf der Brücke hielt. Ein russischer Offizier tippte mir von hinten auf die Schulter und fragte in gebrochenem Deutsch nach der Straße. In noch schlechterem Deutsch mit französischem Akzent gab ich ihm die gewünschte Auskunft. Der Wagen wollte weiter, und wir blickten ihm erleichtert nach. Wie groß war aber unsere Bestürzung, als wir hinten auf dem Lastwagen zwischen zehn deutschen Soldaten den gefangengenommenen Oberstleutnant Weiß sitzen sahen, den wir beim Ausbruch aus Wannsee verloren hatten.

Am folgenden Tag erreichten wir die Seenenge bei Blankensee und übernachteten in einer kleinen Jagdhütte. Es mag wohl gegen ein Uhr nachts gewesen sein, als uns erheblicher Lärm, vermischt mit Stimmengewirr, weckte. Scheinwerfer von Taschenlampen blendeten unsere Augen. Durch die jetzt eingeschlagenen Fensterscheiben sahen wir mehrere, unmißverständlich auf uns gerichtete Gewehrmündungen. Eine russische Patrouille! Wir spielten unsere Rolle heimwärtsziehender Fremdarbeiter so überzeugend, daß die Russen nach kurzem Palaver von uns ließen und weiterzogen.

Die Sonne stand schon tief am Himmel, und wir hatten gerade eine verlassene Ortschaft des Truppenübungsplatzes Jüterbog passiert, als plötzlich ein mit Mannschaften besetzter russischer Lastkraftwagen um die Ecke bog und vor uns hielt. Ein Dutzend russischer Soldaten mit einem Kommissar an der Spitze war im Nu vom Wagen heruntergesprungen und hatte uns umringt. Die Mündungen ihrer Maschinenpistolen waren dabei drohend auf uns gerichtet. Mit gutgespielter Entrüstung wiesen wir sämtliche Behauptungen, »Germanski Soldat« zu sein, zurück und beteuerten gestikulierend in einem Wortschwall französischer Kraftausdrücke, daß wir nichts mit den Germanski zu tun hätten. Sie schienen uns aber doch nicht ganz zu glauben, denn nach anfänglichem Zögern fingen sie an, uns »französische Zivilisten« rücksichtslos zu »filzen«. Dabei förderten sie Wehrmachtsuhren, Ringe, Kompasse, Schokolade, ein Amulett und leider auch unsere Karten zutage. Die Beweislast gegen uns war erdrückend. Der Kommissar fuchtelte mit den Karten und Kompassen in der Luft herum und schrie uns erregt immer wieder »Germanski Soldat« entgegen. Unvermittelt befahl er, wir sollten uns beide hinsetzen. Wir waren auf das Schlimmste gefaßt, aber es ging gut, denn der Herr Kommissar hatte es nur auf unsere Reitstiefel abgesehen. Während ein Soldat in seinem Auftrag an unseren Stiefeln zog, fingen die anderen an, sich laut und hartnäckig um unsere »gefilzten« Utensilien zu streiten. Der Streit wurde immer lebhafter, und zu unserem Glück beteiligte sich auch der Kommissar daran. Uns beide schienen sie dabei ganz vergessen zu haben. Da trat ein gutmütig aussehender, älterer Russe grinsend vor uns hin und machte eine nicht mißzuverstehende Bewegung mit dem Daumen. Wir gaben »Fersengeld«, so schnell wir konnten, und waren in wenigen Sekunden lautlos auf unseren Socken um die nächste Ecke verschwunden.

Am nächsten Tag liefen wir bei Marzahna am Straßenschild »Wittenberg 18 km« hinter einer unübersichtlichen Kurve abermals einer russischen Straßenkontrolle in die Hände. Dieses Mal wurden wir in eine Gruppe von 60 bis 70 Franzosen, Holländern und Belgiern eingereiht und in ein acht Kilometer entferntes Durchgangslager für Fremdarbeiter gebracht. Die Ironie des Schicksals wollte es, daß die Russen all diejenigen, die als Deutsche erkenntlich und sich auch als solche ausgegeben hatten, unbehelligt ihres Weges weiterziehen ließen. Im Fremdarbeiterlager wurden wir registriert und erfuhren bald, daß beabsichtigt war, uns mit amerikanischen Lastkraftwagen nach Westen abzutransportieren. Wir zogen es daher vor, noch in der gleichen Nacht das Weite zu suchen, und erreichten 24 Stunden später ohne weitere Zwischenfälle Wittenberg. Ich hatte mir eine Vergiftung zugezogen und fühlte mich schwach und elend. Die nächsten Tage vergingen mit mehreren mißglückten Versuchen, unbemerkt die Elbe zu überqueren. Es glückte schließlich doch an einem nebligen Morgen, etwa fünf Kilometer stromabwärts von Wittenberg. Eines Abends landeten wir im Gebiet zwischen Elbe und Mulde unerwartet in einem russischen Barackenlager bei Oranienbaum und waren abermals unfreiwillige Gäste der Roten Armee. Ein andermal mußten wir einen fast gelungenen Versuch, die Mulde zu überqueren, aufgeben, weil die Strömung zu stark war und meine Kräfte nicht ausreichten. Schließlich, am 11. Mai mittags, gelang es uns, nördlich von Raguhn die Mulde zu überqueren. Am anderen Ufer angelangt, legten wir uns erschöpft, aber auch überglücklich ins Gras. Endlich waren wir auf amerikanisch besetztem Gebiet angelangt.

Am nächsten Morgen um 5 Uhr nahmen Bernd und ich schweren Herzens Abschied voneinander. Er wanderte nach Süden in Richtung Leipzig, ich nach Norden, Lübeck zu. Wir waren in diesen letzten Tagen und Wochen gute Freunde geworden. Ein unvergeßlicher, wenn auch furchtbarer Abschnitt unseres Lebens lag hinter uns.

Noch fast zwei Wochen mußte ich marschieren, bis ich endlich Ende Mai bei Frau und Kind in Lübeck eintraf. Anfang 1946 verhafteten mich die Engländer und lieferten mich erst in ein Vernehmungs- und dann in ein Internierungslager ein, wo die ersten Aufzeichnungen dieses Berichtes niedergeschrieben wurden.

# *Finale*

*In diesem letzten Kapitel soll der Leser auf Grund historischer Dokumente Aufklärung über das Schicksal der Truppenteile und Personen erhalten, die im vorliegenden Bericht Erwähnung fanden.*

## *Hitlers Tod – Das Ende in der Reichskanzlei*
## *Die Kapitulation Berlins*

Vom 29. auf den 30. April 1945 verschlechterte sich die militärische Lage im Kessel Berlin zusehends. In den späten Abendstunden des 29. April machte der Kampfkommandant von Berlin, General Weidling, Hitler nochmals den Vorschlag, mit sämtlichen Kräften in Berlin einen geschlossenen Ausbruch aus dem Kessel in Richtung auf die Armee Wenck bei Potsdam zu unternehmen. Hitler lehnte abermals ab.

Am 30. April zwischen 15 und 16 Uhr erschoß sich Adolf Hitler im Bunker der Reichskanzlei in seinen Privaträumen, seine Frau Eva, geborene Braun, schied gleichzeitig durch Gift aus dem Leben. Die Leichen wurden, in Decken gehüllt, im Garten der Reichskanzlei mit etwa 200 Liter Benzin übergossen und verbrannt.

In der Nacht vom 30. April auf den 1. Mai verhandelte General Krebs im Auftrage von Goebbels mit dem Oberbefehlshaber der in Berlin kämpfenden Truppen der Roten Armee, General Tschuikow, über eine sofortige Einstellung der Kampfhandlungen in Berlin. Diese recht langwierigen Verhandlungen führten jedoch zu keinem Ergebnis.

Erst genau 24 Stunden nach dem Tode Adolf Hitlers teilten am 1. Mai Goebbels und Bormann dem neuen deutschen

42. Diese mit Geschoßeinschlägen übersäte Tafel an der Fassade der Neuen Reichskanzlei, mit ihren von sowjetischen Soldaten eingeritzten Parolen, wirkt wie ein Symbol des Untergangs der nationalsozialistischen Macht.

## ПРИКАЗ
### НАЧАЛЬНИКА ГАРНИЗОНА ГОРОДА БЕРЛИН

28 апреля 1945 года. № 1. город Берлин.

**ПРИКАЗЫВАЮ:**

**ЗАПРЕЩАЕТСЯ:**

## BEFEHL
### des Chefs der Besatzung der Stadt Berlin

28 April 1945 Nr. 1. Stadt BERLIN

**Ich befehle:**

43. Am 28. 4. 1945 erläßt der »Chef der Besatzung der Stadt Berlin« seinen ersten Tagesbefehl an die Bevölkerung.

45. In der Not der ersten Nachkriegsmonate sind für die Zivilbevölkerung schon die aus dem Sand der Schiffahrtswege aufgelesenen Kohlestückchen ein Reichtum.

44. Mit einem Essen für sowjetische, britische und amerikanische Offiziere feiert Marschall Rokossowski in Potsdam den Sieg der Roten Armee.

46. Nach der Beendigung der Kämpfe in Berlin besichtigen hier Soldaten der sowjetischen Armee die Überreste der Reichskanzlei. Die Adler des deutschen Reiches liegen in Trümmern. Der Mann, der das deutsche Reich zur größten Machtentfaltung seiner Geschichte geführt hat, bescherte ihm auch die vollständigste seiner Niederlagen.

Staatsoberhaupt, Großadmiral Dönitz, per Funk den Tod Hitlers mit. Nach dem endgültigen Scheitern der Verhandlungen Krebs' mit General Tschuikow ließ Goebbels in den Nachmittagsstunden des 1. Mai seine fünf Kinder vergiften. Er selber und seine Frau ließen sich wenige Stunden später, zwischen 20 und 21 Uhr, durch einen SS-Posten im Garten der Reichskanzlei erschießen. Goebbels' Adjutant, SS-Hauptsturmführer Schwägermann, hatte beide ebenfalls zu verbrennen.

Zur selben Zeit wurden in der Reichskanzlei die letzten Vorbereitungen für einen gewaltsamen Ausbruch aller noch Anwesenden in Richtung Westen, unter Leitung von Mohnke und Bormann, abgeschlossen. Gegen 22 Uhr verließen sie in drei getrennten Gruppen die Reichskanzlei, vom Wilhelmplatz aus durch U-Bahn-Schächte in Richtung Bahnhof Friedrichstraße–Weidendammer Brücke, um mit Panzerunterstützung aus dem Kessel Berlin in Richtung Westen auszubrechen. Dieser geschlossene Ausbruch scheiterte, lediglich einige Einzelgänger kamen durch. Die meisten gerieten in Gefangenschaft. Axmann und Naumann kamen nach Westen durch, Bormann und Dr. Stumpfegger sollen, nach allerdings unbestätigten Angaben von Axmann, gefallen sein. Ebenso fiel der Botschafter Hewel bei diesem Ausbruch. Mohnke war bis 1956 in russischer Gefangenschaft. Die Generale Krebs und Burgdorf nahmen an diesem Ausbruch nicht teil. Beide begingen Selbstmord.

In der Nacht vom 1. zum 2. Mai führte der Kampfkommandant von Berlin, General Weidling, dann die Kapitulationsverhandlungen für sämtliche in Berlin kämpfenden Truppen mit dem russischen Oberbefehlshaber, General Tschuikow, mit Erfolg zu Ende. Unmittelbar im Anschluß an diese Kapitulationsverhandlungen wurde General Weidling gefangengenommen und von den Russen abtransportiert. Am 2. Mai sollte auf Grund dieser Kapitulation in Berlin dann die absolute Kampfruhe eintreten. Wenn auch der geschlossene Widerstand im Kessel aufhörte, so wurde in einzelnen Verbänden, ohne einheitliche Führung, doch noch weitergekämpft. Von mehreren geschlossenen Kampfgruppen wurden am 2. und 3. Mai Ausbruchsversuche unternommen, um der gefürchteten russischen Gefangenschaft zu entgehen. Am 4. Mai endlich herrschte in Berlin Kampfruhe.

## *Das Ende des Oberkommandos der Wehrmacht und der Regierung Dönitz*

Wie bereits berichtet, war das Oberkommando der Wehrmacht am 22. April 1945 nach Krampnitz bei Potsdam übergesiedelt, mußte hier jedoch bereits am 23. April abends wegen der Annäherung russischer Panzer wieder räumen und nach Fürstenberg, etwa 70 Kilometer nördlich Berlins, umziehen. Hier blieb das OKW bis zum 29. April, als russische Truppen bereits unmittelbar vor Fürstenberg standen. Es wurde weiter nach Dobbin in Südmecklenburg verlegt. Während der Zeit vom 22. April bis 1. Mai galten die Hauptanstrengungen des OKW, vor allem aber die persönlichen Bemühungen Keitels und Jodls, den Entsatzmöglichkeiten für das eingeschlossene Berlin. Keitel war während dieser Zeit fast ununterbrochen auf den Gefechtsständen der für die Entsatzangriffe in Frage kommenden Armeen, Armeekorps und Divisionen.

Am 1. Mai wurde das OKW auf Grund eines Befehls des neuen Staatsoberhauptes Großadmiral Dönitz über Wismar nach Plön in Holstein verlegt, wo Dönitz sein Stabsquartier aufgeschlagen hatte. Im weiteren Verlauf ging das OKW zusammen mit der neuen Regierung Dönitz nach Flensburg-Mürwik.

Am 2. Mai wurden im Auftrag von Dönitz die ersten vorfühlenden Besprechungen über eine Kapitulation im norddeutschen Raum zwischen dem Generaladmiral von Friedeburg und dem Feldmarschall Montgomery geführt. Die erste Unterzeichnung einer Gesamtkapitulation wurde von Jodl am 7. Mai, 2.41 Uhr, in Reims, im Hauptquartier Eisenhowers, vorgenommen. Hiernach sollte die endgültige Waffenruhe an sämtlichen Fronten am 9. Mai um 0.00 Uhr eintreten.

Die Verhandlungen um die endgültige Waffenruhe und Kapitulation wurden von Dönitz teils mit Erfolg ganz bewußt verschleppt und hinausgezögert, um Zeit zu gewinnen. Die Gründe hierfür waren folgende:

1. Die Rückführung von Flüchtlingen und Soldaten aus Kurland und aus dem Kampfraum der Weichselmündung lief mit sämtlichem irgendwie verfügbarem Schiffsraum planmäßig und auf vollen Touren. Hierfür sollte Zeit gewonnen werden.
2. Es sollte Zeit für die in Richtung Westen hinhaltend kämpfende Heeresgruppe Weichsel in Mecklenburg gewonnen werden. Die beiden Armeen dieser Heeresgruppe, die 3. Panzerarmee und 21. Armee, schoben bei ihrem Rückzug in Richtung Westen einen ungeheuren Strom von Flüchtlingen aus Pommern, Mecklenburg und Stettin vor sich her. Hier war es ein Wettlauf um Stunden. Die Engländer und Amerikaner standen in der Linie Ludwigslust–Schwerin–Wismar, als zum 5. Mai im norddeutschen Raum zwischen den Engländern und Dönitz Kampfruhe vereinbart worden war. Hinter diese Linie wollte Dönitz so viele Flüchtlinge und Soldaten wie irgend möglich zurückführen lassen, was auch noch in großem Umfange gelang.
3. Bei der in Böhmen stehenden Heeresgruppe Mitte unter Generalfeldmarschall Schörner mit 1 200 000 Soldaten handelte es sich ebenfalls um einen Wettlauf mit der Zeit. Die Masse der 4. Panzerarmee, der 17. Armee und der 1. Panzerarmee stand am 6. Mai noch am Riesengebirge, etwa in der Linie Görlitz–Glatz westlich Mährisch-Ostrau–Brünn. Bis zu den Amerikanern, die bis in die Linie Karlsbad–Pilsen–Passau vorgestoßen waren, waren es teilweise mehr als 250 Kilometer. Hinzu kam, daß in Böhmen-Mähren am 5. Mai der Aufstand der Tschechen ausbrach. Der Oberbefehlshaber der Heeresgruppe, der in

Hitlers Testament zum Oberbefehlshaber des Heeres ernannte Generalfeldmarschall F. Schörner, mußte seine Truppen im Augenblick ihrer größten Bedrängnis verlassen.

Am 9. Mai 1945 um 0.16 Uhr wurde in Berlin-Karlshorst die Unterzeichnung der Gesamtkapitulation der deutschen Truppen gegenüber sämtlichen Alliierten durch Generalfeldmarschall Keitel, Generaladmiral von Friedeburg und Generaloberst Stumpf wiederholt und trat daraufhin sofort in Kraft.

Am 23. Mai 1945 wurde die Regierung Dönitz einschließlich der militärischen Stäbe verhaftet und in Gefangenschaft überführt.

Generalfeldmarschall Keitel, Generaloberst Jodl und Kaltenbrunner wurden durch das alliierte Militärtribunal in Nürnberg zum Tode verurteilt und durch den Strang hingerichtet.

*Hier folgt der Wortlaut von Hitlers »politischem Testament«, gleichsam als Marginalie, um den Geisteszustand Hitlers zu belegen, wie er von Gerhard Boldt dargestellt wird. Es zeigt das Unvermögen Hitlers auf, die politische und wirtschaftliche Lage zu erkennen, und spiegelt seine geradezu ins Kriminell-Pathologische gesteigerten Vorstellungen von Heroismus wider.*

Seit ich 1914 als Freiwilliger meine bescheidene Kraft im ersten, dem Reich aufgezwungenen Weltkrieg einsetzte, sind nunmehr über dreißig Jahre vergangen. In diesen drei Jahrzehnten haben mich bei all meinem Denken, Handeln und Leben nur die Liebe und Treue zu meinem Volk bewegt. Sie gaben mir die Kraft, schwerste Entschlüsse zu fassen, wie sie bisher noch keinem Sterblichen gestellt worden sind. Ich habe meine Zeit, meine Arbeitskraft und meine Gesundheit in diesen drei Jahrzehnten verbraucht. Es ist unwahr, daß ich oder irgend jemand anderes in Deutschland den Krieg im Jahre 1939 gewollt habe. Er wurde gewollt und angestiftet ausschließlich von jenen internationalen Staatsmännern, die entweder jüdischer Herkunft waren oder für jüdische Interessen arbeiteten. Ich habe zu viele Angebote zur Rüstungsbeschränkung und Rüstungsbegrenzung gemacht, die die Nachwelt nicht auf alle Ewigkeiten wegzuleugnen vermag, als daß die Verantwortung dieses Krieges auf mir lasten könnte. Ich habe weiter nie gewollt, daß nach dem ersten unseligen Weltkrieg ein zweiter gegen England oder gar gegen Amerika entsteht. Es werden Jahrhunderte vergehen, aber aus den Ruinen unserer Städte und Kunstdenkmäler wird sich der Haß gegen das letzten Endes verantwortliche Volk immer wieder erneuern, dem wir das alles zu verdanken haben: dem internationalen Judentum und seinen Helfern. Ich habe noch drei Tage vor Ausbruch des deutsch-polnischen Krieges dem britischen Botschafter in Berlin eine Lösung der deutsch-polnischen Probleme vorgeschlagen – ähnlich der im Falle des Saargebietes unter internationaler Kontrolle. Auch dieses Angebot kann nicht weggeleugnet werden. Es wurde nur verworfen, weil die maßgebenden Kreise der englischen Politik den Krieg wünschten, teils der erhofften Geschäfte wegen, teils getrieben durch eine vom internationalen Judentum veranstaltete Propaganda. Ich habe aber auch keinen Zweifel darüber gelassen, daß, wenn die Völker Europas wieder nur als Aktienpakete dieser internationalen Geld- und Finanzverschwörer angesehen werden, dann auch jenes Volk mit zur Verantwortung gezogen werden wird, das der eigentliche Schuldige an diesem mörderischen Ringen ist: das Judentum!

Ich habe weiter keinen darüber im unklaren gelassen, daß diesmal nicht nur Millionen erwachsener Männer den Tod erleiden und nicht nur Hunderttausende an Frauen und Kindern in den Städten verbrannt und zu Tode bombardiert werden dürfen, ohne daß der eigentlich Schuldige, wenn auch durch humanere Mittel, seine Schuld zu büßen hat.

Nach einem sechsjährigen Kampf, der einst in die Geschichte trotz aller Rückschläge als ruhmvollste und tapferste Bekundung des Lebenswillens eines Volkes eingehen wird, kann ich mich nicht von der Stadt trennen, die die Hauptstadt dieses Reiches ist. Da die Kräfte zu gering sind, um dem feindlichen Ansturm gerade an dieser Stelle noch standzuhalten, der eigene Widerstand aber durch ebenso verblendete wie charakterlose Subjekte allmählich entwertet wird, möchte ich mein Schicksal mit jenem teilen, das Millionen andere auch auf sich genommen haben, indem ich in dieser Stadt bleibe. Außerdem will ich nicht Feinden in die Hände fallen, die zur Belustigung ihrer verhetzten Massen ein neues, von Juden inszeniertes Schauspiel benötigen. Ich habe mich daher entschlossen, in Berlin zu bleiben und dort aus freien Stücken in dem Augenblick den Tod zu wählen, in dem ich glaube, daß der Sitz des Führers und Kanzlers selbst nicht mehr gehalten werden kann. Ich sterbe mit freudigem Herzen angesichts der mir bewußten unermeßlichen Taten und Leistungen unserer Soldaten an der Front, unserer Frauen zu Hause, den Leistungen unserer Bauern und Arbeiter und dem in der Geschichte einmaligen Einsatz unserer Jugend, die meinem Namen trägt.

Daß ich ihnen allen meinen aus tiefstem Herzen kommenden Dank ausspreche, ist ebenso selbstverständlich wie mein Wunsch, daß sie deshalb den Kampf unter keinen Umständen aufgeben mögen, sondern, ganz gleich wo immer, ihn gegen die Feinde des Vaterlandes weiterführen, getreu den Bekenntnissen des großen Clausewitz. Aus dem Opfer unserer Soldaten und aus meiner eigenen Verbundenheit mit ihnen bis in den Tod wird in der deutschen Geschichte so oder so einmal wieder der Same aufgehen zur strahlenden Wiedergeburt der nationalsozialistischen Bewegung und damit zur Verwirklichung einer wahren Volksgemeinschaft. Viele tapferste Männer und Frauen haben sich entschlossen, ihr Leben bis zuletzt an das meine zu binden. Ich habe sie gebeten und ihnen endlich befohlen, dies nicht zu tun, sondern am weiteren Kampf der Nation teilzunehmen. Die Führer der Armeen, der Marine und der Luftwaffe bitte ich, mit äußersten Mitteln den Widerstandsgeist unserer Soldaten im nationalsozialistischen Sinne zu verstärken unter dem besonderen Hinweis darauf, daß auch ich selbst als der Gründer und Schöpfer dieser Bewegung den Tod dem feigen Absetzen oder gar einer Kapitulation vorgezogen habe. Möge es dereinst zum Ehrbegriff des deutschen Offiziers gehören – so wie dies in unserer Marine schon der Fall ist –, daß die Übergabe einer Landschaft oder einer Stadt unmöglich ist und daß vor allem die Führer hier mit leuchtendem Beispiel voranzugehen haben in treuester Pflichterfüllung bis in den Tod.

Ich stoße vor meinem Tode den früheren Reichsmarschall Hermann Göring aus der Partei aus und entziehe ihm alle Rechte, die sich aus dem Erlaß vom 29. Juni 1941 sowie aus meiner Reichstagserklärung vom 1. September 1939 ergeben könnten. Ich ernenne an Stelle dessen den Großadmiral Dönitz zum Reichspräsidenten und Obersten Befehlshaber der Wehrmacht.

Ich stoße vor meinem Tode den früheren Reichsführer SS und Reichsminister des Innern Heinrich Himmler aus der Partei sowie allen Staatsämtern aus. Ich ernenne an seiner Stelle den Gauleiter Karl Hanke zum Reichsführer SS und Chef der deutschen Polizei und den Gauleiter Paul Giesler zum Reichsminister des Innern. Göring und Himmler haben durch geheime Verhandlungen mit dem Feinde, die sie ohne mein Wissen und gegen meinen Willen abhielten, sowie durch den Versuch, entgegen dem Gesetz die Macht im Staate an sich zu reißen, dem Lande und dem gesamten Volk unabsehbaren Schaden zugefügt, gänzlich abgesehen von der Treulosigkeit gegenüber meiner Person.

Um dem deutschen Volk eine aus ehrenhaften Männern zusammengesetzte Regierung zu geben, die die Verpflichtung erfüllt, den Krieg mit allen Mitteln weiter fortzusetzen, ernenne ich als Führer der Nation folgende Mitglieder des neuen Kabinetts: Reichspräsident Dönitz, Reichskanzler Dr. Goebbels, Parteiminister Bormann, Außenminister Seyß-Inquart, Innenminister Gauleiter Giesler, Kriegsminister Dönitz, Oberbefehlshaber des Heeres Schörner, der Kriegsmarine Dönitz, der Luftwaffe Greim, Justiz Thierack, Kultur Scheel, Propaganda Dr. Naumann, Finanz Schwerin-Krosigk, Reichsführer SS und Chef der deutschen Polizei Gauleiter Hanke, Wirtschaft Funk, Landwirtschaft Backe, Arbeit Dr. Hupfauer, Rüstung Saur, Leiter der DAF und Mitglied des Reichskabinetts Reichsminister Dr. Ley.

Obwohl sich eine Anzahl dieser Männer wie Martin Bormann, Dr. Goebbels usw. einschließlich ihrer Frauen aus freiem Willen zu mir gefunden haben und unter keinen Umständen die Hauptstadt des Reiches verlassen wollten, sondern bereit waren, mit mir unterzugehen, muß ich sie doch bitten, meiner Aufforderung zu gehorchen und in diesem Falle das Interesse der Nation über ihr eigenes Gefühl zu stellen. Sie werden mir durch ihre Arbeit und ihre Treue als Gefährten nach dem Tode ebenso nahestehen, wie ich hoffe, daß mein Geist unter ihnen weilen und sie stets begleiten wird. Mögen sie hart sein, aber niemals ungerecht; mögen sie vor allem nie die Furcht zum Ratgeber ihres Handelns erheben und die Ehre der Nation über alles stellen, was es auf Erden gibt. Mögen sie sich endlich bewußt sein, daß unsere Aufgabe des Ausbaues eines nationalsozialistischen Staates die Arbeit kommender Jahrhunderte darstellt, die jeden einzelnen verpflichtet, immer den gemeinsamen Interessen zu dienen und seine eigenen Vorteile demgegenüber zurückzustellen. Von allen Deutschen, allen Nationalsozialisten, Männern und Frauen, und allen Soldaten der Wehrmacht verlange ich, daß sie der neuen Regierung und ihrem Präsidenten treu und gehorsam sein werden bis in den Tod. Vor allem verpflichte ich die Führung der Nation und die Gefolgschaft zur peinlichen Einhaltung der Rassegesetze und zum unbarmherzigen Widerstand gegen den Weltvergifter aller Völker, das internationale Judentum.

Gegeben zu Berlin, den 29. April 1945, 4 Uhr

gez.: Adolf Hitler

Als Zeugen: Dr. Joseph Goebbels, Martin Bormann, Wilhelm Burgdorf, Hans Krebs.

NAMENREGISTER